快樂行動系列 2

巧手做西點

周淑玲 著

快樂行動系列
巧手做西點

發 行 人：宋定西
作　　者：周淑玲
藝術指導：傅金福
美術編輯：楊啓巽
文字編輯：周韻如
攝　　影：陳耀欽、羅彬致
　　　　：漢光文化事業股份有限公司
地　　址：台北縣汐止鎮新台五路一段79號11樓之7
電　　話：(02)698-4565
郵政劃撥：0107369－6號
出版登記：局版臺業字第1387號
ＩＳＢＮ：957-629-235-2
漢光總號：HILIT　00328
分類號碼：C048
著作權執照號碼：臺內著字第　　號
中華民國八十三年三月三十日初版
中華民國八十五年一月二十日三版
定　　價：每冊 350.

★本書如有缺頁、誤裝，請寄回更換。版權所有，不准以任何方式，在世界任何地區，以中文或任何文字，作全部或局部之翻印、仿製或轉載。

周淑玲 女士

臺灣省桃園人，民國五十年生。國立師範大學家政學系畢業，現任職於台北市信義國中家政科教師。作者教學多年，對烹飪教學非常有研究，著有《沁涼小館》、《低油減肥食譜》、《巧手做蛋糕》、《巧手做西點》、《家庭宴會自助餐》和《實用中國結》等書。

國立中央圖書館出版品預行編目資料

巧手做西點／周淑玲著.--初版.
--臺北市：漢光文化，民83
　　119面；29公分.--
　　（漢光食藝叢書；C048）
　　（快樂行動系列；2）
　　ISBN 957-629-235-2（精裝）
　　1.食譜－點心
427.16　　　　　　　　83002307

序

　　《巧手做西點》是漢光繼《巧手做蛋糕》後的又一精心製作。其內容包括了各式各樣的小西餅、泡芙、蛋奶酥，以及酥皮點心；如派、塔、乳酪餡餅、千層鬆餅等，相信對烘焙西點有興趣的人都想動手一試。

　　在出版園地耕耘了近二十個寒暑，漢光一直堅持食譜除了要具備高度的實用性外，也應該要提供讀者一個視覺的饗宴。這就是為什麼坊間已出版了許多有關西點類的食譜，而我們卻不怕市場飽和仍願意投入時間與精力在這上面。我們希望藉由出版將烘焙的樂趣與驚喜傳播開來，讓大家分享，提升生活的美感與質感。

　　為此，漢光特別邀請烹飪經驗豐富的周淑玲老師擔任本書作者，製作點心，希望透過她的巧妙配方讓喜歡自己動手做西點的人都能享受烘焙的樂趣。

漢光文化事業股份有限公司
董事長

一九九四年三月於台北

目錄

序 …… 3	甜餅乾 …… 48
基本認識 …… 6	蘇打餅乾 …… 49

小西餅　12

| 巧克力豆小西餅 …… 14 |
| 燕麥蔬菜餅 …… 16 |
| 橘子小西餅 …… 17 |
| 香酥薄片、各種香酥薄片 …… 18 |
| 椰子雪球 …… 20 |
| 馬德蕾妮 …… 21 |
| 各種口味的奶酥 …… 22 |
| 基本奶酥 …… 24 |
| 葡萄酥、豆豆酥、香辣乳酪餅 …… 26 |
| 花生醬脆餅、巧克力脆餅 …… 29 |
| 風車酥片 …… 30 |
| 巧克力核桃酥片 …… 32 |
| 椰子花生酥片 …… 33 |
| 婚禮戒指 …… 34 |
| 乳酪棕褐糕 …… 37 |
| 椰子水果條 …… 38 |
| 巧克力核桃糕 …… 39 |
| 蛋黃小西餅 …… 40 |
| 椰子手指餅乾 …… 42 |
| 脆皮花生酥 …… 43 |
| 杏仁薄脆、蕾絲薄脆 …… 45 |
| 果醬馬林糖、咖啡核桃馬林糖 …… 46 |

泡麩、愛克力　52
蛋奶酥　53

| 奶油泡麩、奶油布丁餡 …… 54 |
| 鮮奶油水果泡麩、情人草莓泡麩環 …… 56 |
| 鮮蝦泡麩 …… 58 |
| 火腿沙拉泡麩 …… 59 |
| 泡麩聖誕樹、夢夢球 …… 60 |
| 天鵝泡麩 …… 62 |
| 咖啡愛克力 …… 64 |
| 乳酪愛克力 …… 65 |
| 巧克力蛋奶酥 …… 67 |
| 香草蛋奶酥 …… 68 |
| 橘杯蛋奶酥 …… 69 |
| 番茄蛋奶酥 …… 70 |
| 乳酪蛋奶酥 …… 71 |
| 芒果蛋奶酥 …… 73 |
| 摩卡蛋奶酥、白葡萄蛋奶酥 …… 74 |

酥皮點心　78

| 雙皮派派皮 …… 80 |
| 單皮派派皮 …… 81 |
| 蘋果派餡、水蜜桃派餡 …… 82 |

雞肉派餡、鮮肉小派餃…………… 84
胡蘿蔔派、椰子雞蛋布丁派………… 86
草莓戚風派…………………………… 88
檸檬乳酪派…………………………… 90
巧克力戚風派………………………… 91
焦糖布丁派…………………………… 92
紅酒洋梨派…………………………… 93
基本塔皮、奶油水果塔……………… 94
蛋塔、椰子塔………………………… 96
甘藷船、香蕉船、巧克力船、乳酪船… 98
蟹粉乳酪餡餅………………………… 100
乳酪餡餅……………………………… 101
披薩乳酪餡餅………………………… 102
酸乳酪餡餅…………………………… 103
千層鬆餅皮…………………………… 104
千層杏仁條…………………………… 106
千層巧克力條………………………… 107
迷你千層盅、眼鏡酥………………… 108
豪華千層水果盅、培根酥條………… 110
南瓜馬蹄酥…………………………… 112
火腿乳酪酥…………………………… 113
熱狗千層酥…………………………… 114
栗子拿破崙…………………………… 115
千層鳳梨酥條………………………… 116
維也納蘋果酥………………………… 119

基本認識

常用材料

一、油脂

1. **奶油**(butter) 是指牛奶中所含的乳脂肪，營養豐富、味道鮮美，而且容易消化，是高級的食用油。

    有人把奶油叫做牛油，其實這個稱呼並不恰當，因為牛油多半是指牛肉中的肥肉脂肪，是一種不宜作為食用油的低級油脂。

    購買奶油時要注意其新鮮度，用剩的必須冷藏。

2. **乳瑪琳**(margarine) 即是植物性奶油，液態的植物油經加工氫化成固體狀，並加以調味，使其色香味和性質皆與奶油相似，可以代替奶油使用。植物油不含膽固醇，故比奶油適合心血管疾病患者食用。

3. **植物油** 書中提到使用植物油時，沙拉油、葵花油、玉米油、橄欖油等亦可使用。

4. **白油** 又稱人造豬油，是一種雪白硬化的點心用油。白油用途很廣，最常用來做麵糊類蛋糕、蛋糕奶油霜飾，也可代替豬油做各種中西式的酥皮點心，或做千層鬆餅、可頌麵包裡的裹油。不過，白油大都是整桶出售，一般家庭不需要購買這麼多，故建議讀者以其他合適的油脂代替。

5. **鮮奶油**(heavy cream; double cream) 是鮮奶經離心後浮在上層脂肪含量特高的牛奶。鮮奶油必須冷藏，使用時加適量的糖，用電動打蛋器攪打到適當的硬度即可（攪打過度會出水而不能成形）。

    鮮奶油的價錢甚高而且不易保存，所以一般西點麵包店大多使用人造鮮奶油。人造鮮奶油已調有甜味，平時可存放在冷凍庫中，使用時取出使其半解凍再攪打，非常方便而且不易失敗。

二、糖

大多使用細粒特砂。糖粉（糖霜）則多用作表面裝飾。有些小西餅也用糖粉製做，以免體積擴張。

三、粉狀材料

1. **麵粉** 市售麵粉可分高、中、低筋，請依食譜需要選用正確的筋度。如果搞不清楚麵粉的筋度，記住：麵粉顏色越白的筋度越低。

2. **玉米粉** 多用來做勾芡。此外，麵粉加了玉米粉筋度也會降低。

3. **發粉**(backing powder) 俗稱泡打粉，為白色粉末。平時宜蓋好蓋子勿使受潮，使用時與麵粉一起過篩效果較好。

4. **塔塔粉** 為白色酸性粉末，多在打蛋白時添加，能使蛋白泡沫潔白堅硬。

5. **可可粉** 是味苦不含糖分的的棕色粉末，易結塊，所以使用前須過篩。

四、洋菜亮光液

將之塗在點心表面，冷後會凝結成透明光亮的薄膜，不但能使點心看起來更美觀，而且還可保持水分，避免乾燥變色。點心上若有水果裝飾時，洋菜亮光液的塗抹更是不可省略。

洋菜亮光液的做法：洋菜粉½包加水2杯和糖適量，調勻煮沸3分鐘即可。（亮光液還有其他做法，請參閱《沁涼小館》一書第15頁。）

五、其他

1. 蛋用新鮮雞蛋即可。牛奶可用鮮奶，也可用奶粉沖泡或用奶水稀釋。

2. 糖有時可用蜂蜜、楓糖或紅糖等代替，以使點心產生特殊風味，讀者可多加嘗試。

3. 麵粉有時可用半量全麥麵粉或其他雜糧麵粉代替，使點心更有益健康。

常用換算表

(一)常用材料換算表

奶　　油	1 大匙＝14 克
	1　　杯＝227 克
	＝½磅＝2 小條
乳瑪琳	1 大匙＝14 克
	1　　杯＝227 克＝½磅
沙拉油	1 大匙＝14 克
	1　　杯＝227 克＝½磅
牛　　奶	1 大匙＝14 克
或	1　　杯＝227 克＝½磅
鮮　　奶	＝奶粉 4 大匙＋水
	＝奶水½杯＋水
蛋（連殼）	1 個＝60 克
蛋（連殼．大的）	1 個＝65～70 克
蛋（不連殼）	1 個＝50 克
蛋黃	1 個＝20 克
蛋白	1 個＝30 克
細砂糖	1　　杯＝200 克
糖　　粉	1　　杯＝130 克
麵　　粉	1　　杯＝120 克
玉米粉	1 大匙＝12.6 克
奶　　粉	1 大匙＝7 克
可可粉	1 大匙＝7 克
碎巧克力	1 大匙＝7 克
花生醬	1 大匙＝16 克
蜂　　蜜	1 大匙＝21 克
	1　　杯＝340 克
碎乾果	1　　杯＝114 克
葡萄乾	1　　杯＝170 克
乾酵母	1 小匙＝3 克
鹽	1 小匙＝5 克
發粉	1 小匙＝4 克
小蘇打	1 小匙＝4.7 克
塔塔粉	1 小匙＝3.2 克

(二)重量換算表

1 公斤＝1000 克
1 台斤＝600 克＝16 兩
1　　兩＝37.5 克
1　　磅＝454 克＝16 盎司
1 盎司＝28.35 克

(三)容積換算表

1 杯＝240 C.C.
1 大匙＝15 C.C
1 小匙＝5 C.C.
½小匙＝2.5 C.C.
¼小匙＝1.25 C.C.

(四)烤箱溫度換算表

110°C＝230°F	185°C＝365°F
120°C＝250°F	200°C＝390°F
135°C＝275°F	210°C＝410°F
150°C＝300°F	220°C＝430°F
160°C＝320°F	235°C＝455°F
170°C＝340°F	250°C＝480°F

常用工具

一、鋼盆

　　不鏽鋼圓盆，是做西點最常用的容器，現在也有玻璃製的。沒有鋼盆時只能以大湯碗代替，但如果須用力攪打時大湯碗就不太安全。

二、打蛋器

1. **直形打蛋器**　是最常用的一種打蛋器，大多數的攪打、拌勻工作都要用到。本書中只要寫打蛋器就是指直形打蛋器。
2. **螺旋打蛋器**　專用來打蛋白或鮮奶油。
3. **電動打蛋器**　是打全蛋及鮮奶油時最省力的工具，也可用來打蛋白。

三、麵粉袋

　　是擀麵糰時的防黏工具。用粗紗布做成小袋子，裝些麵粉（高筋的最好）再綁好，作撒麵粉之用。

四、擀麵棍

　　大家都知道擀麵棍是用來把麵糰擀成薄片的工具，但有時候它還可以代替打蛋器來打奶油，因為冰涼堅硬的奶油用打蛋器打不容易操做，用擀麵棍搗就很方便。

五、刀

　　除了常用的菜刀、水果刀外，做西點會用到的刀比較特別的有：

1. **輪刀**　用來切割麵皮。輪刀只要在麵皮上滾過就可將之切開，不像一般刀子會拉扯到麵皮。
2. **長切刀**　類似西瓜刀，切蛋糕時的必備工具。切西點有時也須用到。

六、擠花嘴、擠花袋和壓模

　　製做小西餅時常用來擠麵糊或壓麵糰；或用來擠奶油裝飾泡麩、派等之用。

七、各種模型

　　西點所用的模型比蛋糕少，而且比較有彈性，如果沒有某種模型，可以用其他模型或家中現有的工具、容器代替。

八、烤箱

　　烤箱有很多種，要根據使用的目的來決定買那一種。喜歡烤蛋糕、西點的人選烤箱要特別注意下面幾點：

1. **必須有定時定溫裝置**　定時，就是使用者能設定一段烤焙時間，時間到了烤箱會自動切斷電源。沒有定時裝置的烤箱很危險，不宜購買。定溫則是指使用者可以選定一個他需要的溫度，烤箱在整個烤焙時間裡都會自行維持這個溫度，不須要使用者不停地調節電力或瓦斯。
2. **製作精巧**　烤箱整體要堅固美觀，不能有邊緣銳利割人、烤盤抽取不易甚至會卡住等毛病。還要注意烤盤是否光滑平整不易黏沾，烤後是否會變形。
3. **附件齊全**　最少要有烤架、烤盤、把手各一。還要有保證書、說明書，甚至食譜、防燙手套等。
4. **最好有兩個烤盤**　尤其喜歡烤小西點的人最需要，可以一盤烤好接著烤下一盤，不會浪費時間和電力。如果沒有兩個烤盤只好在烤架上鋪一張鋁箔紙代替烤盤使用。
5. **火候平均**　烤箱中的每一區溫度要盡量一致，就算有點差別也不能太離譜。
6. **可能的話選大一點的烤箱**　一次可以多烤一點，比較節省時間。當然大烤箱價錢會比較高。

基本技術

一、模型防黏

為避免烤盤和模型沾黏,盛材料烤焙前須做防黏的工作。

1. **塗奶油** 不可塗液體油,否則防黏效果不好。
2. **塗油撒麵粉** 先塗一層奶油再撒一些麵粉,搖晃使模型沾滿麵粉,再把多餘的麵粉倒出。這樣比光塗奶油的防黏效果更好。
3. **鋪道林紙或鋁箔紙** 鋪上就可不必塗油撒粉,防黏效果更佳。但要注意點心烤好是否會黏在紙上取不下來。

二、秤量

1. 秤重量時秤要歸零,「待秤物」要放在秤台正中央。如果「待秤物」太輕,可用容器盛著一起秤,再減去容器的重量,不然會不準。
2. 用量杯、量匙量材料體積時,材料放入杯中、匙中不要擠壓,要放到平杯面、匙面才準。
3. 有些材料包裝上有重量標示,就可以不用秤量。例如一小條奶油為 113.5 克,如果需要 100 克,只要切掉約 1/10 即可。

三、打奶油

本書最多的動作就是把奶油加糖打鬆。所謂打鬆就是打到奶油柔軟像羽毛狀,如果奶油冰冷堅硬就用擀麵棍搗比較方便。奶油打好後常要加蛋,這時蛋最好是不要冰冷的,冷蛋比較不容易與奶油融合。

四、打蛋

1. **打全蛋** 即整個蛋加糖一起打到濃稠堅硬。這比較費力,最好用電動打蛋器。攪打前蛋汁如果能加熱到微溫,效果會更好,尤其是冬天或蛋汁冰冷時則一定要加溫。

2. **打蛋白** 就是把蛋白加糖打發。可用螺旋打蛋器或電動打蛋器。最重要的是,一切容器工具都不能沾到一絲水分、油氣,蛋白裡也不能有一絲蛋黃,否則無法打發。蛋白通常必須打到溼性發泡(打蛋器提起,泡沫尖端下垂)或硬性發泡(打蛋器提起,泡沫尖端不會下垂)才夠。

奶油加糖攪打

打發的狀態

打全蛋

全蛋打發

蛋白溼性發泡

蛋白硬性發泡

小西餅

小西餅(Cookies)

小西餅（Cookies）有時亦音譯作「曲奇餅」。常有人稱它為小餅乾，其實它不是餅乾，以材料和做法而言反倒比較類似蛋糕，但其做法比蛋糕簡單，很適合家庭自製。

小西餅和蛋糕一樣，可以分為麵糊和乳沫兩大類：麵糊類小西餅的做法是先把奶油和糖打發，再加蛋、麵粉和勻；乳沫類小西餅的做法則是先把蛋和糖打起泡再加麵粉。

這兩類小西餅因材料比例和成形方法不同，各自又可再細分成數種。

一、麵糊類小西餅可分為：

1. 軟性小西餅

麵糊溼軟，可用湯匙舀或用擠花嘴擠在烤盤上，烤成塊狀或片狀，如巧克力豆小西餅、橘子小西餅、燕麥蔬菜餅、各種香酥薄片、馬德蕾妮。

2. 酥脆小西餅

麵糊稍硬些，常用擠花嘴擠成各種花樣，有時也分成小塊壓扁再烤，如各種奶酥、豆豆酥、香辣乳酪餅、葡萄酥、花生醬脆餅、巧克力脆餅。

3. 硬性小西餅（又稱冰箱小西餅）

麵糊最硬，常揉成圓或方柱體，凍硬後切片，或擀平用印模印成花樣烘烤，如風車酥片、巧克力核桃酥片、椰子花生酥片、婚禮戒指。

4. 棕褐糕和水果條(Brownies & Bars)

麵糊如軟性小西餅，但不擠成小餅，而是整盤烤好才分切成小條、小塊，如乳酪棕褐糕、巧克力核桃糕、椰子水果條。

二、乳沫類小西餅可分為：

1. 海綿小西餅

麵糊和海綿蛋糕相似，用圓口擠花嘴擠或用湯匙舀在烤盤上烘烤，如蛋黃小西餅。

2. 蛋白小西餅(Macaroon)

麵糊以蛋白調成，用圓口擠花嘴擠或用湯匙舀在烤盤上烘烤，如椰子手指餅乾、椰子雪球、脆皮花生酥。

3. 薄脆餅

麵糊烤好會攤開，所以又薄又脆，如杏仁薄脆、蕾絲薄脆。但杏仁薄脆必須用手將之抹薄才行。

三、其他類（不屬於小西餅者）：

1. 馬林糖(Meringue)

蛋白加糖打硬烤成，有時還加碎乾果，用湯匙舀在烤盤上烘烤，味道甜酥，如果醬馬林糖、咖啡核桃馬林糖。

2. 餅乾(Biscuit & Cracker)

是薄脆而形狀整齊的小餅，口味較一般小西餅清淡，如甜餅乾、蘇打餅乾。

注意事項

一、材料

1. **油** 麵糊類小西餅用奶油。乳沫類小西餅不用油或用沙拉油。
2. **糖** 大多用細粒特砂,但有時需要使用糖粉。砂糖在乾燥的麵糰中較不易溶化,小西餅中若有未溶化的砂糖顆粒烤後較易擴張,所以若不希望小西餅擴張就用糖粉,必須擴張的就用砂糖。有些風味特殊的小西餅則要用黃砂糖或蜂蜜來做。

二、工具

1. **切麵刀** 這原是做包子、水餃時用的工具。此處是用來分切麵糰或將烤好的小西餅從烤盤上刮下。
2. **專用擠餅器** 是用來擠奶酥的筒狀工具,可擠出多種花樣。
3. **貝殼模型** 是馬德蕾妮小餅專用的模型。

三、烤焙

1. 在家中做小西餅第一個使人困擾的問題是家用的烤箱不大,常常一次烤不完一份麵糊。不過大部分小西餅的麵糊可以禁得起放置,所以只要耐心地分批烤焙,還是可以烤出不少小西餅。
2. 第二個困擾是家用烤箱價格便宜,所以溫度不均勻,同一盤小餅也會有的生有的熟,所以最好在烤到一半時把烤盤換一次方向。
3. 排在同一烤盤的每個小西餅要一樣大,如果有大有小,烤起來火候會更不一致。
4. 烤後會擴張的小西餅不能擠得太靠近,否則烤好會一個個黏在一起。小西餅會不會擴張在食譜標題旁有寫明,分為不擴張、中度擴張和高度擴張三種。
5. 小西餅較薄,烤時要用上火,亦即放在烤箱的上層烤,否則底部會焦黑。

四、保存

1. 小西餅很耐保存,不放冰箱也能保存好幾天。但烤好後要放涼才能包裝收藏,而且不要用手摸來摸去,否則容易發霉。
2. 像軟性小西餅、棕褐糕等柔軟的、含水分多的小西餅,保存時要避免乾燥,可在餅罐裡放一塊蘋果片即可保持其溼潤柔軟。
3. 像蛋白小西餅、薄脆餅等酥脆的小西餅最怕受潮變軟,所以最好放在不透氣的玻璃瓶罐裡保存,能放入一包乾燥劑更好。
4. 若小西餅受潮變軟,可以再烘烤一下即會恢復酥脆。

巧克力豆小西餅

36 片
中度擴張

材料：

奶油 …………125 克   低筋麵粉 ……160 克
糖 ……………100 克   巧克力豆 ……150 克
蛋 ………………1 個

模型：

烤盤 1 個，底部塗油。

烤焙：

1. 烤箱先預熱到 180°C。
2. 放在烤箱上層，烤約 12 分鐘。

做法：

1 奶油加糖一起攪打到鬆發。

2 再加入蛋打勻。

3 篩入麵粉輕輕拌勻，勿過度攪拌。

4 最後加入巧克力豆，輕輕拌勻就是麵糊。

5 大約估計自己的烤盤必須烤多少次才能烤完，然後把麵糊分為 2 至 4 份。

6 用小湯匙將 1 份麵糊分成 9 到 18 個小堆，舀在烤盤上即可烤焙。

備註：

若買不到巧克力豆，可用巧克力糖切碎代之。

燕麥蔬菜餅　24片　中度擴張

材料：

奶油 …………… 80 克
黃砂糖 ………… 80 克
蛋 ……………… 1 個
低筋麵粉 ……… 120 克
牛奶 …………… 2 大匙

① 青椒末 ………… 50 克
　 紅蘿蔔末 ……… 50 克
　 快煮燕麥片 …… 100 克
　 番茄醬 ………… 2 大匙

模型：

烤盤 1 個，底部塗油。

烤焙：

1. 烤箱先預熱到 180°C。
2. 放在烤箱上層，烤約 15 分鐘。

做法：

1. 奶油加糖打到鬆發，再加蛋打勻。
2. 加①料拌勻，把低筋麵粉篩入，再加牛奶輕輕拌勻。
3. 用小湯匙將麵糊舀在烤盤上，分成 24 個小圓堆即可烤焙。

橘子小西餅

48 片　中度擴張

材料：

橘子	1 個		奶油	125 克
糖	1 大匙	①	糖	100 克
蛋	1 個		橘子粉	40 克
低筋麵粉	200 克			

模型：

烤盤 1 個，底部塗油。

烤焙：

1. 烤箱先預熱到 180°C。
2. 放在烤箱上層，烤約 12 分鐘。

做法：

1. 用刀削下約 2 大匙橘子皮（不要削到白色部分），切成細絲，加糖拌勻醃約 1 小時。把橘子擠出 2 大匙汁來。
2. ①料攪打到鬆發，再加入蛋打勻。
3. 加入橘子汁、篩入麵粉，輕輕拌勻。
4. 用小湯匙將麵糊舀在烤盤上，分成 48 個小圓堆。
5. 把醃好的橘皮絲撒在上面即可烤焙。

1 小西餅

香酥薄片　48片　高度擴張

材料：

奶油 ……… 120 克	發粉 ……… ½ 小匙
糖 ………… 90 克	牛奶 ……… 6 大匙
蛋 ………… 1 個	杏仁片或葡萄乾 適量
低筋麵粉 …… 120 克	

模型：

烤盤 1 個，底部塗油。

烤焙：

1. 烤箱先預熱到 190°C。
2. 放在烤箱上層，烤約 8 分鐘。

做法：

1. 奶油加糖打到鬆發，再加蛋攪打均勻。
2. 麵粉和發粉過篩，和牛奶交互加入奶油糖中輕輕拌勻即是麵糊。
3. 擠花袋裡先裝一個圓口擠花嘴，再把麵糊倒進去。
4. 在烤盤上擠出 48 個小圓堆，堆與堆之間要有相當大的空間。
5. 擠好後把烤盤放在桌上用力振一下使圓堆擴張，在每一堆上放一些杏仁片（或一粒泡過水的葡萄乾）即可烤焙。
6. 烤好立刻趁熱用切麵刀把餅刮下，否則餅一冷可能會黏在烤盤上刮不下來。

各種香酥薄片

[小配方]

以前述之香酥薄片的材料分量為標準，調配如下：

咖啡香酥薄片

在牛奶裡加入即溶咖啡 1 小匙，攪拌使之溶化即可。

花生香酥薄片

在牛奶裡加入鹹花生醬 1 大匙，攪拌使之溶化即可。

芝麻香酥薄片

以 2 大匙芝麻取代杏仁片，撒入麵糊中混勻即可。烤焙前，表面不必再撒杏仁片。

檸檬香酥薄片

在材料裡加入檸檬皮末 1 大匙混勻成麵糊，並擠成橢圓形。

海苔香酥薄片

在材料中多加¼小匙鹽，並以綠海苔末代替杏仁片。烤焙前表面撒上一些綠海苔末。烤好趁熱捲成彎曲狀。

巧克力夾心香酥薄片

取適量巧克力糖（不可加水），用微波爐或隔水加溫到稍微軟化，塗在兩片香酥薄片之間，放涼即可。

備註：

1. 這是非常可口的小餅。傳統禮盒中的喜餅大多是奶酥，但現在漸有被香酥薄片取代的趨勢。
2. 如果您的烤盤常會黏住小餅，除了塗油外可再撒些麵粉。

椰子雪球 24個

材料：

① ┌ 蛋白 ……………………………… 3個
　├ 糖 ………………………………… 1大匙
　├ 檸檬巧克力 …………………… 100克
　├ 椰子粉 ………………………… 150克
　└ 低筋麵粉 ……………………… 30克

紅綠櫻桃 …………………………… 各1粒
椰子粉 ……………………………… 適量

模型：
烤盤1個，底部塗油。

烤焙：
1. 烤箱先預熱到150℃。
2. 放在烤箱上層，烤約7分鐘。

做法：
1. 先把檸檬巧克力和櫻桃切碎。
2. ①料拌勻，用手捏成24個小糰，然後沾一點櫻桃末，捏緊成圓球。
3. 滾上一層椰子粉即可烤焙。烤好要放到完全冷卻才能食用或存放。

備註：
傳統的椰子球材料中沒有檸檬巧克力和麵粉，完全用椰子粉做成，質感太粗糙，用本書的改良配方做出來會較可口。

馬德蕾妮

24個　不擴張

材料：

① ┌ 柳橙汁⋯⋯⋯⋯⋯⋯⋯½大匙
　├ 柳橙皮末⋯⋯⋯⋯⋯⋯½大匙
　└ 杏仁粉⋯⋯⋯⋯⋯⋯⋯60克

奶油⋯⋯⋯⋯⋯⋯⋯⋯⋯135克
糖⋯⋯⋯⋯⋯⋯⋯⋯⋯⋯120克
蛋⋯⋯⋯⋯⋯⋯⋯⋯⋯⋯3個
低筋麵粉⋯⋯⋯⋯⋯⋯⋯120克

模型：

12孔貝殼模型2個，內部塗油。

烤焙：

1. 烤箱先預熱到190℃。
2. 放在烤箱上層，烤約15分鐘。

做法：

1. 奶油隔水加熱使之融化，再加糖攪拌到糖溶解。
2. 蛋一個一個加入攪拌，加完再加①料拌勻。最後把麵粉篩入，輕輕拌勻。
3. 平均舀入模型孔裡，拿起模型在桌上敲幾下把大氣泡震出即可烤焙。

備註：

1. 這種貝殼形小餅是法國傳統名點，相傳是 Madeleine 女士所創的，故名之。其最大特色就是優美的外形，但若無貝殼模型也可用果凍模型代之。
2. 杏仁粉不是指泡杏仁茶用的杏仁霜，而是杏仁果磨成的粗粉，為西點常用的材料，食品原料行有售。如果要自製，可買無鹹味的杏仁果用果汁機乾打成粉即可。若無法準備杏仁粉也可不用，但麵粉要改成150克。

各種口味的奶酥

1 小西餅

基本奶酥 72片 不擴張

材料：

① ┌ 奶油 ……250 克   低筋麵粉 ……360 克
　├ 糖　 ……120 克   牛奶　　 ……3 大匙
　└ 鹽　 ……¼ 小匙   香草精　 ……¼ 小匙

蛋 ……………………1 個

模型：

烤盤 1 個，底部塗油。

烤焙：

1. 烤箱先預熱到 190°C。
2. 放在烤箱上層，烤約 12 分鐘。

做法：

1. ①料攪打到鬆發，再加蛋攪打均勻。
2. 篩入麵粉、加入牛奶和香草精，拌勻成軟麵糊。
3. 再運用下列任何一種奶酥成形法做出形狀，即可烤焙。

各種奶酥

[小配方]

以基本奶酥之材料分量為標準，調配如下：

巧克力奶酥

將麵粉減少 40 克，代之以可可粉。但可可粉要和麵粉一起過篩才不會結塊。

杏仁奶酥

將麵粉減少 40 克，代之以杏仁霜。

椰子奶酥

將麵粉減少 60 克，代之以椰漿粉。

咖啡奶酥

在①料裡添加即溶咖啡 1 小匙即可。

備註：

製作奶酥的麵糊都要經由花嘴擠出，所以其中不可含有顆粒，如碎花生、碎核桃，否則會塞住花嘴。

奶酥成形法

一、大菊花嘴

1. 取一些麵糊放入大菊花嘴中，以右手拇指把麵糊壓出一朵一朵花形小餅。

2. 也可側擠成貝殼形。

二、擠花袋

1. 擠花袋裡先裝上菊花嘴或圓嘴，再把麵糊裝入。

2. 在烤盤上擠出一個一個環形、長形、三朵花形或球形的小餅。

奶酥裝飾法

1. 葡萄乾裝飾
在奶酥中間放一粒泡過水的葡萄乾或半粒櫻桃、杏仁果等，壓緊即可烤焙。

2. 果醬裝飾
在奶酥中間填一些果醬去烤，或烤好後再填果醬。

3. 巧克力裝飾
巧克力隔水加熱融化，用奶酥去沾；也可把融化的巧克力裝在小塑膠袋裡，袋角剪一小洞，在奶酥上擠些細線作裝飾；也可在兩片奶酥中間夾些融化的巧克力。

三、專用擠餅器

1 把麵糊搓成一長條放入擠餅器中。

2 用擠餅器的花嘴擠出各種花樣即可烤焙。

四、手製法

1 把麵糊分成 72 份。

2 用手做成自己喜歡的形狀。

葡萄酥　36塊　不擴張

材料：
葡萄乾..............100克　　蛋..............1個
奶油..............100克　　低筋麵粉..............240克
糖粉..............100克　　蛋黃..............1個

模型：
烤盤1個，底部塗油。

烤焙：
1. 烤箱先預熱到200°C。
2. 放在烤箱上層，烤約20分鐘。

做法：
1. 葡萄乾泡水約10分鐘，瀝乾待用。
2. 奶油加糖粉打鬆，再加蛋攪拌均勻。
3. 加葡萄乾拌勻，再把麵粉篩入，輕輕拌勻成麵糰。
4. 把麵糰分成36份，用手一一搓成梭子形，排在烤盤上，塗上蛋黃即可烤焙。

豆豆酥　120個　中度擴張

材料：
奶油..............80克
糖粉..............60克
蛋黃..............2個
① 低筋麵粉..............90克
　玉米粉..............40克
　奶粉..............10克
　發粉..............2小匙

模型：
烤盤1個，底部塗油。

烤焙：
1. 烤箱先預熱到220°C。
2. 放在烤箱上層，烤約5分鐘。

做法：
1. 奶油加糖粉打鬆，再加蛋黃攪拌均勻。
2. ①料篩入輕輕拌勻成麵糰。
3. 用圓口擠花嘴擠成長條，切成小段，再一一用手搓成小圓子狀排在烤盤上烤焙。

香辣乳酪餅　48塊　不擴張

材料：
① 奶油..............80克
　糖..............25克
　起司粉..............40克
蛋..............1個
② 低筋麵粉..............140克
　鹽..............¼小匙
　細辣椒粉..............¼小匙
黑芝麻..............適量

模型：
烤盤1個，底部塗油。

烤焙：
1. 烤箱先預熱到200°C。
2. 放在烤箱上層，烤約10分鐘。

做法：
1. ①料一起打鬆，再加蛋攪打均勻。
2. ②料篩入，輕輕拌勻成麵糰。
3. 把麵糰分成48塊，一一搓成小棍子狀，表面沾些芝麻再搓一下使芝麻固定，排在烤盤上即可烤焙。

1 小西餅

花生醬脆餅　48片　不擴張

材料：

① ｛ 奶油 ……………………… 75 克
　　糖 ………………………… 100 克
　　鹹花生醬（如「吉比」）…… 75 克

蛋 …………………………………… 1 個
低筋麵粉 ………………………… 150 克

模型：

烤盤 1 個，底部塗油。

烤焙：

1. 烤箱先預熱到 180°C。
2. 放在烤箱上層，烤約 12 分鐘。

做法：

1. ①料混合打到鬆發，加蛋打勻，再把麵粉篩入拌勻成麵糰。

2. 把麵糰塑成扁方塊，用切麵刀切成48塊。

巧克力脆餅　48片　不擴張

材料：

① ｛ 低筋麵粉 200 克　奶油 ………… 135 克
　　可可粉 …2 大匙　糖 …………… 175 克
　　鹽 ………¼ 小匙　蛋 ……………… 1 個
　　發粉 ……½ 小匙　腰果 ………… 24 粒

模型：

烤盤 1 個，底部塗油。

烤焙：

1. 烤箱先預熱到 180°C。
2. 放在烤箱上層，烤約 12 分鐘。

做法：

1. 奶油加糖打到鬆發，再加蛋打勻。
2. ①料混合過篩二次，再篩入奶油糖中，一起拌勻成麵糰。
3. 和花生醬脆餅一樣，將麵糰分成48塊，排在烤盤上壓扁。
4. 在每個餅上壓入半片腰果即可烤焙。

3. 一塊塊排在烤盤上，用平的杯子底沾些乾麵粉將之壓扁。

4. 烤前用毛刷把多餘的乾麵粉刷掉；也可用各種工具在表面壓出花紋再烤。

備註：

這種小西餅極為香脆可口，但製做時不可因其麵糰較溼軟就多加麵粉，否則烤好會太硬。

風車酥片 48片　不擴張

材料：

奶油 …………………………… 135 克
糖 ……………………………… 135 克
蛋 ……………………………… 1 個
低筋麵粉 ……………………… 240 克
可可粉 ………………………… 20 克

模型：

烤盤 1 個，底部塗油。

烤焙：

1. 烤箱先預熱到190°C。
2. 放在烤箱上層，烤約 12 分鐘。

做法：

1 奶油加糖打到鬆發，再加蛋拌勻，分成 2 份，1 份篩入 130 克麵粉，1 份篩入 110 克麵粉和可可粉，攪拌成兩種麵糰。

2 分別把兩種麵糰擀成一樣大小的長方片，重疊放在一起。

3 緊緊捲起來成為圓柱體。

4 也可把兩種麵糰塑成長方塊，在一面塗些蛋汁疊起來，切半。

5 在一個切面上再塗蛋汁疊起來成棋盤花樣，用保鮮膜包好，放冰箱冷凍到堅硬。

6 取出，用利刀切成48片，排在烤盤上即可烤焙。

巧克力核桃酥片

48 片　不擴張

材料：

奶油	135 克	低筋麵粉	240 克
糖	135 克	可可粉	30 克
蛋	1 個	核桃仁	90 克

模型：

烤盤 1 個，底部塗油。

烤焙：

1. 烤箱先預熱到 190°C。
2. 放在烤箱上層，烤約 12 分鐘。

做法：

1. 奶油加糖攪打到鬆發，再加蛋攪拌均勻。
2. 麵粉和可可粉混合過篩二次，再篩入奶油糖中，加入核桃仁一起拌勻。
3. 把麵糊揉成 4×5 公分的方柱體，放入冰箱冷凍到堅硬。
4. 取出，用利刀切成 0.6 公分厚的方片，排在烤盤上即可烤焙。

椰子花生酥片

72片　不擴張

材料：

脫皮花生 ……………… 80克　　蛋 ………………………… 1個
奶油 …………………… 135克　　低筋麵粉 ………………… 230克
糖 ……………………… 115克　　椰漿粉 …………… 1包（60克）

模型：

烤盤1個，底部塗油。

烤焙：

1. 烤箱先預熱到190°C。
2. 放在烤箱上層，烤約12分鐘。

做法：

1. 脫皮花生用擀麵棍擀壓成碎粒。
2. 奶油加糖打到均勻鬆發，再加蛋打勻。
3. 篩入麵粉、椰漿粉拌成均勻的麵糊，揉成直徑約4公分的圓柱體。
4. 把圓柱體在碎花生上滾動，用點力氣讓花生嵌牢。放入冰箱冷凍到堅硬。
5. 取出用利刀切成0.7公分厚的圓片，排在烤盤上即可烤焙。

婚禮戒指 36個　不擴張

材料：

奶油	100克
糖	50克
蛋	1個
檸檬皮末	少許
低筋麵粉	200克
紅色果醬	適量
糖粉	適量

模型：

4公分菊花印模1個，2公分圓印模1個。烤盤1個，底部塗油。

烤焙：

1. 烤箱先預熱到200°C。
2. 放在烤箱上層，花形烤約10分鐘，圈形烤約5分鐘。

做法：

1. 把除果醬和糖粉外的材料一樣一樣放入盆中拌勻，用手揉成均勻的麵糰，放置10分鐘。

2. 桌上撒些麵粉，把麵糰放在上面，壓扁，再撒些麵粉。

3. 擀成0.3公分厚的薄片，用菊花模印出24個花片，排在烤盤上即可烤焙。

4. 再印24個花片，每個中間印一個圓圈，拿掉使之中空，排在烤盤上烤焙。

5. 烤好，在每片花形小餅中間塗一些果醬。

6. 在圈形小餅上篩一層糖粉後，壓在花形小餅上即可。

備註：

夏天時，麵糰揉勻後要放在冰箱裡10分鐘，以免奶油融化產生黏性。

乳酪棕褐糕

48 塊　不擴張

材料：

① ｛ 奶油乳酪 …………………… 170 克
　　糖 …………………………… 35 克
　　蛋白 ………………………… 1 個
　　香草精 ……………………… ¼ 小匙

奶油 …………………………… 120 克
巧克力 ………………………… 150 克
糖 ……………………………… 120 克
蛋 ……………………………… 3 個
低筋麵粉 ……………………… 135 克

模型：

7.5 × 9.5 吋方模型 1 個，內部塗油撒麵粉。

烤焙：

1. 烤箱先預熱到 175°C。
2. 放在烤箱中層，烤約 50 分鐘。

做法：

1. ①料攪打均勻即是乳酪糊。

2. 奶油和巧克力用小火加熱並攪拌到融化均勻，熄火加糖、蛋拌勻，再篩入麵粉拌勻即是巧克力糊。

3. 把½的巧克力糊先刮入模型裡鋪平。

4. 再把剩下的巧克力糊和乳酪糊交互地刮入模型內。

5. 用筷子在麵糊表面來回劃出大理石紋路，但不要劃得太深。

6. 烤時為避免表面顏色太深可用一張鋁箔紙蓋著烤。烤好放涼扣出，用利刀切成小塊即可。

椰子水果條　24個　不擴張

材料：

① ｛ 蘋果肉 …………………… 75 克
　　葡萄乾 …………………… 75 克
　　脫水鳳梨 ………………… 75 克
　　紅櫻桃或去核紅李 ……… 75 克 ｝

奶油 ………………………………… 150 克
糖 …………………………………… 150 克
蛋 …………………………………… 3 個
中筋麵粉 …………………………… 150 克
椰子絲 ……………………………… 80 克

模型：

7.5 × 9.5 吋方模型 1 個，內部塗油撒麵粉。

烤焙：

1. 烤箱先預熱到 175°C。
2. 放在烤箱下層，烤約 40 分鐘。

做法：

1. ①料切碎。
2. 奶油加糖打到鬆發，再加蛋打勻。
3. 麵粉篩入拌勻，再加①料拌勻。
4. 倒入模型中刮平，椰絲撒在上面，壓一下使之黏牢即可烤焙。
5. 烤好扣出放涼，切成小條即可。

巧克力核桃糕

48 塊　不擴張

材料：

低筋麵粉	120 克
可可粉	4 大匙
巧克力	100 克
牛奶	2 大匙
核桃仁	80 克
奶油	140 克
糖	150 克
蛋	3 個

模型：

7.5 × 9.5 吋方模型 1 個，內部塗油撒麵粉。

烤焙：

1. 烤箱先預熱到 175°C。
2. 放在烤箱下層，烤約 40 分鐘。

做法：

1. 核桃切碎，烤箱預熱時順便放入烤脆一點。
2. 奶油加糖打到鬆發，再加蛋打勻。
3. 麵粉和可可粉篩入奶油糖中，加碎核桃一起輕輕拌勻成麵糊。
4. 刮入模型中表面刮平即可烤焙。烤好扣出放涼。
5. 把巧克力和牛奶加溫調融塗在表面，等巧克力較凝結就用利刀切成小塊。

1 小西餅

蛋黃小西餅 48片　中度擴張

材料：

① {
蛋 …… 1 個　　香草精 …… ¼ 小匙
蛋黃 …… 2 個　　低筋麵粉 …… 90 克
糖粉 …… 75 克　　糖粉 …… 適量
鹽 …… ¼ 小匙
}

鹹奶油醬的做法：

將奶油227克、糖粉80克、牛奶2大匙、鹽¼小匙放在一起加溫，到奶油半融化時取出，用力攪拌到均勻柔軟即可。

備註：

有些奶油比較沒有乳化性，即使用力攪拌也無法和牛奶融合均勻，遇到這種情形就把牛奶的分量減半。

模型：

烤盤1個，底部塗油撒麵粉。

烤焙：

1. 烤箱先預熱到220°C。
2. 放在烤箱上層，烤約6分鐘。

做法：

1 ①料調勻，隔水加熱到微溫，用電動打蛋器打5分鐘到非常濃稠。

2 加入香草精、篩入麵粉，輕輕拌勻成麵糊。

3 用圓口擠花嘴把麵糊擠在烤盤上成48個小圓堆，在上面篩些糖粉即可烤焙。

4 烤好後，可在每兩個餅之間塗些鹹奶油醬，吃起來味道更可口而不甜膩。

椰子手指餅乾

36個　不擴張

材料：

蛋白 ……………………………… 2 個
糖 ………………………………… 90 克
椰子粉 …………………………… 120 克
檸檬汁 …………………………… 1 小匙

模型：

烤盤1個，底部墊一張塗油的鋁箔紙。

烤焙：

1. 烤箱先預熱到 120°C。
2. 放在烤箱上層，烤約 25 分鐘。

做法：

1. 蛋白打起泡，再加糖打到溼性發泡。由於糖量多，會比較費時費力。
2. 加椰子粉和檸檬汁拌勻即是麵糊。
3. 用圓口擠花嘴把麵糊擠在烤盤上成 36 個長條即可烤焙。

備註：

有些人喜歡用低溫烤焙這道小餅以保持椰子粉的雪白顏色，其實烤到稍帶褐色會比較香脆可口。

脆皮花生酥　36個　不擴張

材料：

脫皮花生……………………380克
蛋白…………………………4個
糖……………………………180克

模型：

烤盤1個，底部墊一張塗油的鋁箔紙。

烤焙：

1. 烤箱先預熱到160°C。
2. 放在烤箱上層，烤約25分鐘。

做法：

1. 花生烤香，用擀麵棍壓碎。
2. 所有材料拌勻，邊攪拌邊加熱到燙手但尚未沸騰即熄火，放涼。
3. 用湯匙舀在烤盤上成36個小堆即可烤焙。

1 小西餅

杏仁薄脆　48片　不擴張

材料：

蛋白	100 克
糖	100 克
沙拉油	40 克
低筋麵粉	30 克
杏仁片	200 克

模型：

烤盤 1 個，底部塗油撒麵粉。

烤焙：

1. 烤箱先預熱到 200°C。
2. 放在烤箱上層，烤約 10 分鐘。

做法：

1. 所有材料一起放入鋼盆裡拌勻成麵糊。

2. 將麵糊一匙一匙舀在烤盤上成為48小堆。

3. 用手指沾些沙拉油，把每小堆推開成極薄的圓片即可烤焙。

蕾絲薄脆　36片　高度擴張

材料：

① ｛ 奶油 50 克　糖粉 75 克　低筋麵粉 100 克　蘭姆酒或香檳酒 2½ 大匙 ｝

糖 …… 65 克
檸檬汁 …… 1 大匙

模型：

烤盤 1 個，底部塗油。

烤焙：

1. 烤箱先預熱到 180°C。
2. 放在烤箱上層，烤約 5 分鐘。

做法：

1. 糖和檸檬汁一起煮，沸騰後再煮一會，直到出現焦色才熄火。
2. ①料依序加入攪拌，一種拌勻才加第二種。
3. 放涼後，用手取麵糊揉成龍眼大小的圓球，排在烤盤上即可烤焙。
4. 烤好取出烤盤放置一下，再把薄片捲在擀麵棍上使其冷卻，成為捲曲狀。

備註：

這種古典小餅的質感有點僵硬，但是越嚼越香，十分特別。

4. 烤好立刻趁熱用切麵刀或鏟子把餅刮下。如果放冷會黏在烤盤上刮不下來。

1 小西餅

果醬馬林糖 24個 不擴張

材料：

① ┌ 蛋白 ………………………… 2個
　├ 鹽 …………………………… ¼小匙
　└ 塔塔粉 ……………………… ¼小匙
糖 ……………………………… 60克
糖粉 …………………………… 60克
香草精或檸檬汁 ……………… ¼小匙
果醬 …………………………… 適量

模型：

烤盤1個，底部塗油撒麵粉。

烤焙：

1. 烤箱先預熱到115°C。
2. 放在烤箱上層，烤約1小時。

做法：

1 ①料打起泡，再加糖打到硬性發泡。

咖啡核桃馬林糖 24個 不擴張

材料：

核桃仁 ………………………… 40克
即溶咖啡 ……………………… 2小匙
熱水 …………………………… 1小匙
① ┌ 蛋白 ………………………… 2個
　├ 鹽 …………………………… ¼小匙
　└ 塔塔粉 ……………………… ¼小匙
糖 ……………………………… 60克
糖粉 …………………………… 60克

模型：

烤盤1個，底部塗油撒麵粉。

烤焙：

1. 烤箱先預熱到140°C。
2. 放在烤箱上層，烤約1小時。

做法：

1. 核桃烤香切碎，咖啡加熱水調勻。
2. ①料打起泡，再加糖打到硬性發泡。
3. 把糖粉篩入，咖啡也加入拌勻即是糖糊。
4. 用小匙舀在烤盤上，成為24個小堆即可烤焙。

2 把糖粉篩入，香草精也加入拌勻成糖糊，裝入圓口擠花嘴袋內，在烤盤上擠成48個小圓堆即可烤焙。

3 按按看，要完全堅硬而且易於從烤盤上取下才算烤好。

4 在兩個馬林糖中間夾些果醬即可。

甜餅乾　48片　不擴張

材料：

蛋	2個	麵粉	320克
糖	80克	發粉	½小匙
鹽	½小匙	蛋黃	1個
融化的奶油	50克	椰子粉	2小匙

模型：

6公分圓印模1個。烤盤1個，底部塗油。

烤焙：

1. 烤箱先預熱到160°C。
2. 放在烤箱上層，烤約20分鐘。

做法：

1. 除了蛋黃和椰子粉外，把所有材料依序放入盆中攪拌成均勻的麵糰（要一種材料拌勻了，才可加第二種）。
2. 在桌上撒些麵粉，把麵糰倒在麵粉上，再撒一層麵粉在麵糰上。
3. 用擀麵棍擀成0.3公分厚的薄片，放置30分鐘。
4. 以印模印成圓片排在烤盤上，用叉子在上面刺一些洞。
5. 蛋黃和椰子粉調勻，塗在餅上即可烤焙；也可不塗，做成素面的餅乾。

蘇打餅乾　72片　不擴張

材料：

乾酵母 …………… 1 大匙	①低筋麵粉 ……… 300 克
溫水 ……………… ¾ 杯	鹽 …………… ¼ 小匙
水 ………………… 少許	小蘇打 ……… ¼ 小匙
鹽 ………………… 少許	融化的奶油 …57 克（½小條）

模型：

烤盤 1 個，底部塗油。

烤焙：

1. 烤箱先預熱到 240℃。
2. 放在烤箱上層，烤約 6 分鐘。

做法：

1. 把酵母撒在溫水中，攪拌使之溶化。
2. 加①料攪拌一下，再加融化的奶油攪勻，揉成光滑的麵糰。
3. 把麵糰放在桌上，用擀麵棍擀成 0.2 公分厚的薄片。
4. 用輪刀切成 5 公分見方，排在烤盤上，用叉子刺洞。
5. 在表面刷一層水、撒一點鹽，放在溫暖處發酵 10 分鐘即可烤焙。

泡麩、愛克力、蛋奶酥

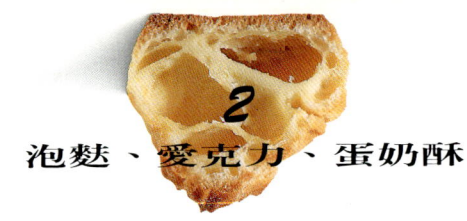

2 泡麩、愛克力、蛋奶酥

泡麩與愛克力 (Puffs and Eclairs)

　　泡麩這個字的本意是甘藍菜，因為它烤好後外表圓鼓而有些凹凸不平，就像甘藍菜似的；亦有人稱它為空心餅，因為它一烤就會像氣球一樣膨脹起來，成為中空的球狀，這是因為麵粉經過調水後煮成膠黏狀再烤焙，所以能包容空氣而膨脹。愛克力也是泡麩的一種，但外型為長條狀，是一種法國式的點心。法國人喜歡把食物做成長條形，著名的法國麵包就是這樣。

　　剛烤好的泡麩味道淡淡的，只有一點香鹹味，如果將之切開，在中間填滿軟軟甜甜的奶油布丁餡就成了大家最熟悉的奶油泡麩，可是不要以為泡麩只有甜的，它也可以填入火腿、蝦仁、沙拉等鹹的餡料，就成為西式酒會裡常吃的開胃點心。

注意事項

一、材料

1. **油**　一般食譜都指定用奶油，其實沙拉油也可以，只是用沙拉油調成的麵糊多少會比較稀一點。
2. **麵粉**　各種麵粉都可以用，但考慮到麵糊須有膠黏性，故以高筋麵粉最好，或者用中筋麵粉代替也可以。

二、烤焙

1. 烤盤塗油要盡量少，否則烤好底部會鼓起。
2. 在烤盤上擠麵糊時，間隔距離要夠，免得烤好黏在一起。若一盤烤不完可分作兩盤烤，泡麩麵糊禁得起放置。
3. 如果麵糊太稀軟，擠在烤盤上會攤開不成形，可能是麵糊還太熱，待涼一點就不會了。
4. 烤焙中途不可打開烤箱門，否則泡麩可能會收縮。
5. 要烤到全乾為止。即使時間到了，若表面仍有水泡就要繼續烤。
6. 如果不喜歡泡麩顏色太深，可在烤了 20 分鐘後把溫度降到 180°C 繼續烤到乾為止。
7. 泡麩也可以擠在鏟子上用炸的，這種炸成圈形的泡麩稱為法式甜甜圈。

2 泡麩、愛克力、蛋奶酥

蛋奶酥 (Soufflé)

蛋奶酥又音譯作「梳夫利」，是一種香甜酥軟的美味點心。它可分成兩類，一類是用烤的熱蛋奶酥，吃起來有點像蛋糕又有點像布丁；一類是用明膠凝結的冷蛋奶酥，口味像慕思。吃蛋奶酥時常連模子端上桌，大型的用大匙分舀而食，小型的一人一份。

蛋奶酥雖然美味，但材料很平常，做法也容易，可是在臺灣卻不太流行，主要是因為它必須現做現吃，無法陳列販賣，所以只有偶爾在一些高級西餐廳能吃到。其實自己做蛋奶酥經濟實惠又簡單，相信您一定一學就會，以後就可以隨時享用了。

注意事項

一、模型

蛋奶酥的模型是瓷製(也有少數玻璃的)圓盆，有大型的；也有小型一人份的，在百貨公司可以買到。如果不想買，可以用其他耐烤的容器代替(做冷蛋奶酥時容器不必耐烤)，不過蛋奶酥都是連盆上桌的，所以容器最好用漂亮一點的。

二、材料

明膠是唯一特別的材料，做冷蛋奶酥時要用到。明膠是動物性膠質，食品原料行有售，但買不到也不能用洋菜代替，因為洋菜凝固點比較高，一和冰冷的鮮奶油混在一起就會凝結，無法拌勻。有關膠類的詳細說明請參閱《沁涼小館》一書。

三、供應

1. 熱的蛋奶酥剛烤好時表面圓鼓十分漂亮，但一出爐很快就會塌陷，放涼了風味也會大為遜色，所以若要用來招待客人，可在宴客前把材料準備好，要吃時現做現烤。
2. 冷蛋奶酥遇熱會融化，夏天在室溫中放太久也會軟化甚至融化，所以必須保持冰涼，這樣也比較可口。

泡麩、愛克力、蛋奶酥

奶油泡麩　20個

材料：

水	½杯	蛋汁	180克
奶油	75克	奶油布丁餡	1份
麵粉	100克	糖粉	適量

模型：

烤盤1個，底部塗油。

烤焙：

1. 烤箱先預熱到220°C。
2. 放在烤箱下層，烤約30分鐘。

做法：

奶油布丁餡　1份

材料：

①牛奶2½杯、糖150克、玉米粉80克。
　蛋2個、奶油30克、香草精¼小匙、白蘭地（或蘭姆酒）1大匙。

做法：

1. ①料攪拌均勻，用中火煮到濃稠沸騰。一定要邊煮邊不停攪拌，否則很容易焦底。
2. 一沸騰就加入蛋、奶油、酒和香草精拌勻即可熄火。

備註：

1. 如果剛好有多餘的蛋黃，就用5個蛋黃代替2個蛋，布丁的顏色會更鮮艷，味道也更好。
2. 這是一種很美味又重要的餡料，俗稱「克林姆」，很多點心都要用到。

[小配方]

咖啡布丁餡

以奶油布丁餡之材料分量為標準，另在牛奶裡調入即溶咖啡1小匙即可。

巧克力布丁餡

以奶油布丁餡之材料分量為標準，另在牛奶裡調入可可粉2大匙即可。

1 水和奶油放在小鍋裡，用小火煮沸。

2 篩入麵粉攪拌均勻，熄火。

3 待麵糰稍涼後加入1大匙蛋汁，用力攪拌到完全融合，再繼續加一些蛋汁攪拌，直到加完並攪拌均勻即是麵糊。

4 用湯匙把麵糊舀在烤盤上成為20個小堆即可烤焙。

5 烤好後橫切一刀打開，填滿奶油布丁餡。

6 在上面撒些糖粉即可食用。

鮮奶油水果泡麩 20個

材料：

奶油泡麩 …………… 20個	新鮮或罐頭水果 ……… 適量
奶油布丁餡 …………… ½份	鮮奶油 ………………… 1杯

做法：

1. 把泡麩頂部切掉，比例約為⅓，填入奶油布丁餡，呈半滿狀。
2. 水果清洗切好，放在布丁餡上。
3. 鮮奶油打發，擠在水果旁，作裝飾即可。

備註：

也可用一些麵糊擠成U字形烤焙，作花籃把手裝飾之。

情人草莓泡麩環

材料：

奶油泡麩麵糊 …………… ¼份	鮮奶油 ………………… ½杯
草莓 …………………… 12個	薄荷葉 ………………… 數片

模型：

烤盤1個，底部塗油。

烤焙：

1. 烤箱先預熱到220°C。
2. 烤心形時，放在烤箱中層，烤約25分鐘。
3. 烤字時，放在烤箱上層，烤約10分鐘。

做法：

1. 用白紙剪一個心形，其大小比烤盤小2公分左右，放在烤盤上。
2. 用菊花嘴把麵糊沿著紙形擠一圈，拿掉紙形即可烤焙。
3. 再用小圓嘴擠一個英文字"love"烤焙。
4. 把心形泡麩橫切為二，下片排入草莓。鮮奶油打發擠在草莓間，蓋上上片。
5. 用鮮奶油把英文字黏在心形上，飾以薄荷葉即可。

鮮蝦泡麩

24個

材料：

奶油泡麩麵糊	1份
馬鈴薯（中型的）	1個
大蝦仁	36隻
三色豆	100克
美乃滋	150克

模型：

烤盤1個，底部塗油。

烤焙：

1. 烤箱先預熱到220°C。
2. 放在烤箱下層，烤約30分鐘。

做法：

1. 把泡麩麵糊擠成24個小圓堆烤焙。
2. 馬鈴薯洗淨用水煮10分鐘，放到水涼了才取出剝皮切丁。
3. 蝦仁去腸泥洗淨燙熟，三色豆也燙一下。
4. 把馬鈴薯丁、三色豆和美乃滋拌勻，填入切開的泡麩裡。
5. 各加上一隻蝦仁，蓋上泡麩蓋即可。

火腿沙拉泡芙
24個

材料：

奶油泡芙麵糊	1份
大芹菜	1大片
蘋果	2個
洋火腿	200克
美乃滋	150克

模型：

烤盤1個，底部塗油。

烤焙：

1. 烤箱先預熱到220°C。
2. 放在烤箱下層，烤約30分鐘。

做法：

1. 把泡芙麵糊擠成24個小圓堆烤焙。
2. 芹菜撕去粗筋和蘋果、火腿都切丁。蘋果丁用鹽水泡一下再瀝乾水分。
3. 把三種丁和美乃滋拌勻，填入切開的泡芙裡，蓋上泡芙蓋即可。

備註：

這兩種泡芙是常見的酒會點心，做法不難，但不宜放置過久，最好趁新鮮食用。

泡麩聖誕樹

材料：

奶油泡麩麵糊…………1 份　　鮮奶油………………½ 杯
巧克力奶油布丁餡……½ 份　　彩色糖果或軟糖………適量

模型：

烤盤 1 個，底部塗油。

烤焙：

1. 烤箱先預熱到 230°C。
2. 放在烤箱下層，烤約 15 分鐘。

做法：

1. 把泡麩麵糊擠成 80 個小圓堆烤焙。
2. 布丁餡不夾在泡麩裡，而用擠花嘴擠在泡麩外，把一個個小泡麩黏成聖誕樹形。
3. 鮮奶油打發擠在樹上，再黏些糖果作裝飾。

夢夢球　36 個

材料：

奶油泡麩麵糊………………………………………1 份
奶油布丁餡（或任何口味皆可）…………………½ 份
各種裝飾材料………………………………………適量

模型：

烤盤 1 個，底部塗油。

烤焙：

1. 烤箱先預熱到 220°C。
2. 放在烤箱下層，烤約 25 分鐘。

做法：

1. 把泡麩麵糊擠成 36 個小圓堆烤焙。
2. 在擠花袋裡裝一個小圓嘴，裝入奶油布丁餡。
3. 用小圓嘴刺入小泡麩中把餡擠進去。
4. 以各種裝飾材料裝飾表面即可。

備註：

1. 這是專為酒會或宴會而做的精緻小點，所以要做得小巧而美麗。裝飾材料可以自由設計，只要可食的就行了。最常用的是巧克力：有黑、白、草莓、檸檬、哈蜜瓜等各種口味，可在食品原料行買到。
2. 泡麩的外表若不完整，裝飾起來會不好看，所以不要切開夾餡，要用擠花袋填餡。

2 泡麩、愛克力、蛋奶酥

天鵝泡麩　16個

材料：

奶油泡麩麵糊 …1份　　巧克力 …………少許
奶油布丁餡 ……½份　　鮮奶油 …………1杯

模型：

烤盤1個，底部塗油。

烤焙：

1. 烤箱先預熱到220°C。
2. 烤頭部時，放在烤箱上層，烤約10分鐘。
3. 烤身體時，放在烤箱下層，烤約30分鐘。

做法：

1 用最小的擠花圓嘴擠出16個S形當天鵝的頸部。

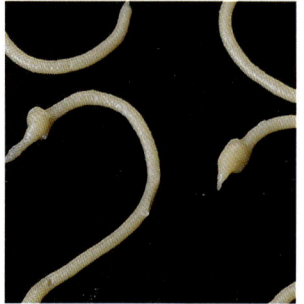

2 用擠的力量來控制麵糊的粗細，形成頭和嘴的樣子。

3 剩餘的麵糊擠成16個圓堆當身體，烤熟。

4 身體橫切開填入奶油布丁餡，上片再對切為二，插在身上當翅膀。

5 頭部插在前面，用融化的巧克力點眼睛。

6 鮮奶油打發擠在尾端作裝飾。

咖啡愛克力

20 個

材料：

奶油泡麩麵糊 …………………… 1 份
咖啡布丁餡 ……………………… 1 份
巧克力 …………………………… 100 克
咖啡（罐裝的或自己沖泡的皆可）2 大匙
杏仁片 …………………………… 適量

模型：

烤盤 1 個，底部塗油。

烤焙：

1. 烤箱先預熱到 220°C。
2. 放在烤箱下層，烤約 30 分鐘。

做法：

1. 把麵糊裝在擠花袋裡，擠成 20 個長條烤焙。
2. 烤好，將之切開填滿咖啡布丁餡。
3. 把巧克力和咖啡一起加熱到溶化並攪拌均勻，塗在愛克力表面，撒上杏仁片即可。

乳酪愛克力

20 個

材料：

① ┌ 奶油乳酪 ………………… 1 瓶（140 克）
  │ 糖 ………………………………… 80 克
  │ 蛋黃 …………………………………… 2 個
  └ 香草精 ………………………………… 數滴

奶油泡麩麵糊 ……………………………… 1 份
鮮奶油 ……………………………………… 1 杯
巧克力 ……………………………………… 少許

模型：

烤盤 1 個，底部塗油。

烤焙：

1. 烤箱先預熱到 220°C。
2. 放在烤箱下層，烤約 30 分鐘。

做法：

1. 把麵糊裝在擠花袋裡，擠成 20 個長條烤焙。
2. ①料依序混合攪拌。由於要直接食用不再煮過，須特別注意清潔。
3. 鮮奶油打發，和①料拌勻即是餡，把愛克力切開填滿餡。
4. 把巧克力溫融了放在小塑膠袋裡，袋角剪一個小洞，在愛克力表面擠些線條即可。

2 泡麩、愛克力、蛋奶酥

巧克力蛋奶酥 2盅

材料：

可可粉	2大匙
蛋黃（大的）	2個
蛋白（大的）	4個
塔塔粉	¼小匙
糖	70克
糖粉	適量

模型：

5吋蛋奶酥模型2個，內部塗油。

烤焙：

1. 烤箱先預熱到220°C。
2. 放在烤箱下層，烤約15分鐘。

做法：

1. 把可可粉篩入蛋黃中，攪拌均勻。
2. 蛋白加塔塔粉打起泡，再加糖打到硬性發泡。
3. 用直形打蛋器挖一些蛋白泡沫到可可蛋黃中拌勻，再全部刮到蛋白裡輕輕拌勻。
4. 刮入模型中立刻烤焙。烤好馬上撒些糖粉，用大匙分盛而食。

備註：

蛋如果比較小，蛋白可用5個。

香草蛋奶酥 2盅

材料：

① ⎧ 蛋黃（大的）⋯⋯⋯⋯⋯⋯2個
　 ⎨ 鹽⋯⋯⋯⋯⋯⋯⋯⋯⋯¼小匙
　 ⎩ 香草⋯⋯⋯⋯⋯⋯⋯⋯⋯數滴

低筋麵粉⋯⋯⋯⋯⋯⋯⋯⋯2大匙
蛋白（大的）⋯⋯⋯⋯⋯⋯⋯4個
塔塔粉⋯⋯⋯⋯⋯⋯⋯⋯¼小匙
糖⋯⋯⋯⋯⋯⋯⋯⋯⋯⋯60克
糖粉⋯⋯⋯⋯⋯⋯⋯⋯⋯⋯適量

模型：

5吋蛋奶酥模型2個，內部塗油。

烤焙：

1. 烤箱先預熱到220°C。
2. 放在烤箱下層，烤約15分鐘。

做法：

1. ①料一起攪拌均勻，再把麵粉篩入輕輕拌勻。
2. 蛋白加塔塔粉打起泡，再加糖打到硬性發泡。
3. 和蛋黃糊一起輕輕拌勻，刮入模型中立刻烤焙。
4. 烤好趁熱撒上糖粉，立即食用。

橘杯蛋奶酥

6小盅

材料：

大橘子 ································ 3個

① ┌ 蛋黃 ································ 1個
　├ 橘子汁 ····························· 1大匙
　├ 橘皮末 ····························· 1大匙
　└ 低筋麵粉 ··························· 1大匙

蛋白 ································ 3個
塔塔粉 ······························ ¼小匙
糖 ·································· 50克
糖粉或橘子粉 ························ 適量

模型：

橘皮杯6個。

烤焙：

1. 烤箱先預熱到220°C。
2. 放在烤箱中層，烤約12分鐘。

做法：

1. 橘子橫切兩半，用湯匙把果肉挖掉，做成6個橘皮杯。底部要削掉一點才站得穩。
2. ①料依序混合打勻。
3. 蛋白加塔塔粉打起泡，再加糖打到硬性發泡。
4. 和蛋黃糊一起輕輕拌勻，刮入橘皮杯中立刻烤焙。
5. 烤好趁熱撒上糖粉，立即食用。

番茄蛋奶酥
6小盅

材料：

紅番茄	3個
① 起司粉	1大匙
鹽	1/4小匙
麵粉	2大匙
蛋白	2個
塔塔粉	1/4小匙
糖	1大匙

模型：

8公分迷你蛋奶酥模型6個，內部塗油。

烤焙：

1. 烤箱先預熱到220°C。
2. 放在烤箱中層，烤約12分鐘。

做法：

1. 煮半鍋滾水，把番茄放下去燙到表皮破裂，撈起剝皮切塊去籽，瀝掉水分後用果汁機打爛。約可得番茄泥240克。
2. 加①料調勻，用小火煮沸並攪拌均勻，放涼。
3. 蛋白加塔塔粉打起泡，再加糖打到硬性發泡。
4. 番茄泥和蛋白泡沫兩者輕輕拌勻，刮入模型中即可烤焙。

乳酪蛋奶酥 2盅

材料：

① ┌ 奶油乳酪 …………………… 100 克
　├ 牛奶 ……………………………… 1 杯
　└ 低筋麵粉 ……………………… 1 大匙
蛋 ………………………………………… 4 個
塔塔粉 ………………………………… ¼ 小匙
糖 ………………………………………… 2 大匙

模型：
5 吋蛋奶酥模型 2 個，內部塗油。

烤焙：
1. 烤箱先預熱到 220°C。
2. 放在烤箱下層，烤約 15 分鐘。

做法：
1. 把①料一樣一樣放鋼盆中攪拌均勻，用小火煮沸並且不停地攪拌以免燒焦。
2. 蛋白、蛋黃分開。蛋黃加入上項乳酪糊中拌勻，放涼。
3. 蛋白加塔塔粉打起泡，再加糖打到硬性發泡，和上項蛋黃乳酪糊拌勻，刮入模型中即可烤焙。

備註：
這兩種蛋奶酥的口味香而微鹹，與一般甜蛋奶酥大不相同，較受成年人喜愛。

泡麩、愛克力、蛋奶酥

芒果蛋奶酥 (冷)

材料：

① ┌ 水 ……………………………… 3 大匙
　├ 檸檬汁 …………………………… 1 大匙
　├ 糖 ……………………………… 30 克
　└ 明膠粉 …………………………… 1 大匙
芒果肉 ……………………………… 200 克
蛋黃 ………………………………… 4 個
鮮奶油 ……………………………… 1 ½ 杯
薄荷葉 ……………………………… 1 片
刺莓或草莓 ………………………… 數個

模型：

5 吋蛋奶酥模型 1 個。

做法：

1 用一張內部塗油的硬紙條圍在模型周圍，黏貼好。

2 ①料調勻，隔水加熱到明膠溶化。

3 芒果去皮削下幾片果肉，其餘的用果汁機打成泥。

4 蛋黃加①料和芒果泥拌勻。天熱時要將之冷藏到稍有凝結感，但不可真的凝結。

5 鮮奶油打發，和上項蛋黃芒果泥混合物輕輕拌勻，刮入模型中抹平。

6 冷藏到完全凝結，拿掉硬紙，以芒果片、薄荷葉和刺莓裝飾即可食用。

摩卡蛋奶酥 （冷）

材料：

鮮奶油 …………… 1½ 杯
明膠粉 …………… 1 大匙
水 ………………… ¼ 杯
巧克力 …………… 少許

① 即溶咖啡 ……… 2 大匙
　 可可粉 ………… 2 大匙
　 蛋黃 …………… 4 個
　 糖 ……………… 50 克

模型：

5 吋蛋奶酥模型 1 個。

做法：

1. 用一張內部塗油的硬紙條圍在模型周圍，黏貼好。
2. 鮮奶油打發。
3. 把明膠粉和水放在中碗裡調勻，隔水加熱到溶化，加入①料攪拌均勻後才離開熱水。
4. 和打發的鮮奶油輕輕拌勻，刮入模型中抹平，冷藏到完全凝結。
5. 拿掉硬紙。用刨刀或挖球器把巧克力刨成屑，撒在上面作裝飾即可。

白葡萄蛋奶酥 （冷）

材料：

明膠粉 …………… 4 大匙
白葡萄汁 ………… 1 杯
白葡萄酒或香檳 … 4 大匙
蛋白 ……………… 4 個

糖 ……………………… 80 克
① 藍莓罐頭 …………… ½ 罐
　 糖 ………………… 1 大匙
　 玉米粉或太白粉 1 小匙

模型：

5 吋方模型 1 個，或可盛 4 杯水的便當盒 1 個。

做法：

1. 明膠粉和葡萄汁調勻，隔水加熱到溶化，加入葡萄酒拌勻。天氣熱時要將之冷藏到稍有凝結感，但不可真的凝結。
2. 蛋白打起泡，再加糖打到溼性發泡，加上項的葡萄膠汁混合物輕輕拌勻。
3. 倒入模型中，冷藏到完全凝結。食用時，須把模型放在溫水裡浸一下才能扣出。
4. ①料拌勻，一煮沸即熄火，放涼即是藍莓調味汁。可淋在蛋奶酥上食用。

酥皮點心

酥皮點心 —— 派、塔、乳酪餡餅、千層鬆餅

西式的酥皮點心，包括派、塔、乳酪餡餅和千層鬆餅等，都是用一層酥皮包著或甜或鹹的餡一起烘烤而成的。可以一個簡表表示如下：

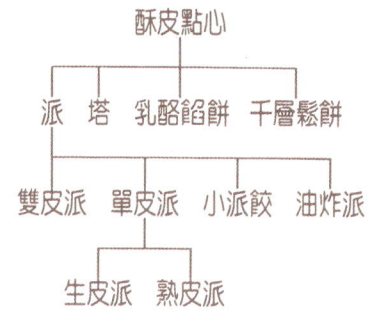

一、派（Pies）

派，起源於英國，最早是用麵皮包餡做成像大南瓜似的，烤熟後再切成楔形，用手拿著吃。現在的派則都做成扁圓形放在淺盤裡烤焙。

派可分為雙皮派、單皮派、小派餃、油炸派。雙皮派是用上下兩層派皮包著肉餡或水果餡烘烤；單皮派只有下面一層派皮，其做法有兩種，一種是用生派皮盛著餡再烤（如椰子雞蛋布丁派、胡蘿蔔派），一種是以烤好的派皮盛著用膠粉或玉米粉凝結的餡，不用烤焙（如草莓戚風派、巧克力戚風派、檸檬乳酪派）。小派餃大多是利用剩下的碎派皮包餡做成三角形；油炸派不是用烤的而是用炸的，是速食店為販賣方便而使用的方法，較無特色，本書不予介紹。

派最難做的部分是派皮，好的派皮必須又酥又脆，而且層次分明，一咬就會片片碎開。這是因為派皮中的油脂沒有和麵粉、水等完全混合均勻，而是夾雜在一起和成麵糰再擀薄，所以烤出來會有層次感。

二、塔（Tarts）

我們最熟悉的塔莫過於蛋塔。塔多半比較小，常做成圓形或船形。塔皮比派皮容易做，餡則常用奶油布丁、水果、芋泥、南瓜泥類，也有肉餡的。

三、乳酪餡餅（Quiches）

乳酪餡餅的皮和塔差不多，但其餡是用乳酪和蛋等做成，口味以鹹味居多。由於國人較不習慣食用乳酪，所以這種點心在國內很少見到。

四、千層鬆餅（Puff Pastry）

千層鬆餅中最為國人熟知和喜愛的代表作，大概是喜餅禮盒裡的眼鏡酥和杏仁條，這些是比較容易做的小型千層鬆餅。偶爾也有些高級西點店會出售拿破崙、千層水果盅等華麗的夾餡千層鬆餅，但因為這些夾餡的千層鬆餅不耐久放，一隔夜餡裡的水分會使餅失去脆度，口感就差些，所以還是自己做的最新鮮、最好吃。

千層鬆餅的做法比較難，要先用麵粉加水揉成麵糰，包入一大塊硬油脂，再反覆擀開、折疊、擀開、折疊而成為層次很多的餅皮，一經烘烤便會膨脹增厚 8 到 10 倍。這過程極需要技巧和耐心。

在歐美，為了滿足人們沒有時間或技術不足、又想自己做千層鬆餅的慾望，很多超市都有賣冷凍的千層鬆餅生麵皮。這些都是機器做的，品質很好，買回來解凍後，加上自己喜歡的餡或霜飾就可以進爐烘烤，非常方便。我們現在無法買到這種現成的千層酥皮冷凍品，只好自己動手做。

3 酥皮點心

注意事項

一、材料

1. **油** 做派、塔、乳酪餡餅要用固體油。我們最常用的固體油是奶油和豬油,因為奶油的酥性較差,所以用豬油最好。不過,奶油和豬油的融點都太低,冬天還好,夏天常會因為受熱軟化甚至融化而做不出好的酥皮,必須不時地把材料或麵糰放入冰箱冷藏一會兒。西點麵包店為了避免這種困擾,常不用奶油、豬油而用白油。白油是精煉過的豬油,融點高、質地純,做酥皮特別好用,可是都以大桶出售,一般家庭購買不方便。

    製做千層鬆餅的油,其融點約須44°C左右,以用白油最為理想,但因購買不便,本書都使用奶油。由於一般奶油融點比較低,讀者購買時宜注意,盡量選擇在同一溫度下越硬的越好,不要買「超軟」的。

2. **麵粉** 派用中筋麵粉,塔和乳酪餡餅用低筋麵粉。千層鬆餅的麵皮需要包油反覆折疊,所以要用筋性強、彈性夠的高筋麵粉。

二、工具

1. **切油器** 這是做派皮的特別工具,可以把固體油快速切成小丁。
2. **大塑膠袋** 把混合好的派皮麵糰放在剪開的塑膠袋裡擀,比較不會黏桌、和黏擀麵棍。
3. **派盤** 本書一律用9吋派盤。超市有出售一種免洗的鋁箔派盤,用以做派,攜帶或送人都很方便。
4. **塔模** 常用直徑8公分的蛋塔模或9公分的船形模。菊花形的蛋塔模要塗油撒麵粉才不會黏麵皮,一般沒有花邊的塔模只要塗油即可。食品原料行有售鋁箔製的蛋塔模,使用時不須塗油撒麵粉,非常方便。
5. **乳酪餡餅模** 本書是用9吋菊花形餡餅模,若是沒有,用派盤代替也可以。

雙皮派 9吋1個

材料：

中筋麵粉	300 克
冰冷的奶油	200 克
① 冰水	5 大匙
鹽	1 小匙
糖	1 大匙
餡（口味隨意）	1 份
蛋黃	1 個

模型：

9吋派盤1個，底部塗油。

烤焙：

1. 烤箱先預熱到 220°C。
2. 放在烤箱下層，烤約 40 分鐘。

備註：

擀麵糰時，如果會黏塑膠袋，可再撒些麵粉；如果奶油有融化的現象就放入冰箱冷藏一下。

做法：

1 麵粉篩在一個大鋼盆裡，奶油放在上面。

2 用分油器把奶油切成花生米般大小的碎粒，邊切邊搖動鋼盆使每塊奶油粒都沾滿麵粉。

3 加入①料，用筷子拌一下使之成團。

4 取3/5份麵糰，用一個剪開的大塑膠袋包著，並用手壓成圓團。

7 打開塑膠袋，把圓片鋪在派盤上壓平。

8 放置10分鐘後用小刀把周圍多出來的麵皮切掉。

9 把餡填入。蛋黃打散，用毛刷塗在派皮邊緣。

10 剩下的2/5份麵糰加切掉的麵皮同法擀成大於派盤的圓片，蓋在餡上。

單皮派派皮 9吋1個

材料：

中筋麵粉	180 克
冰冷的奶油	120 克
① 冰水	3 大匙
鹽	½ 小匙
糖	½ 大匙
蛋黃	1 個

模型：

9吋派盤1個，底部塗油。

烤焙：

1. 烤箱先預熱到220°C。
2. 放在烤箱中層，烤約30分鐘。

做法：

備註：

1. 如果不做花邊，可和雙皮派一樣把多餘麵皮全切掉，並用叉子在邊上壓花紋。
2. 單皮派派皮做好要鬆弛一下才能烤焙，否則會收縮，尤其是這種沒有餡的空派皮烤時更易收縮變形。

5. 在麵糰上、下面撒些麵粉，用塑膠袋包著擀開，再打開塑膠袋用切麵刀將之摺疊。可重複二、三次。

6. 把麵糰（仍用塑膠袋包著）擀成比派盤大2吋的圓片。

1. 材料和雙皮派一樣，擀成麵皮（同做法1至6），鋪在一個派盤背面。

2. 壓上另一個派盤，拿起來用剪刀把周圍的麵皮剪到比派盤大1公分。

11. 用小刀把周圍多出來的麵皮切掉，用叉子在周圍壓出花紋。

12. 在整個派皮表面塗上蛋黃，用牙籤或叉子在表面刺數十個洞使之透氣，即可烤焙。

3. 用手指將周圍的麵皮捏出花邊。

4. 蛋黃打散塗在花邊上，用叉子刺洞透氣，放置10分鐘使之鬆弛即可烤焙（或加餡一起烤焙）。

蘋果派餡 1份

材料：

① 水 ……………… 3大匙
  檸檬汁 …………… 1大匙
  奶油 ……………… 50克
  糖 ………………… 150克
  肉桂粉 …………… 1小匙
  葡萄乾 …………… 50克

中型蘋果 …4個（約900克）
玉米粉 …………… 1大匙
水 ………………… 2大匙

做法：

1. 蘋果去皮、核，2個切成小塊，2個剁碎，放在小鍋裡加①料用小火煮約10分鐘。
2. 玉米粉加水調勻，倒入勾芡即可熄火。

備註：

派做好可用剩餘派皮切成蘋果形和葉子形，貼在表面作裝飾。

水蜜桃派餡 1份

材料：

水蜜桃罐頭 …………… 1½罐　玉米粉 ……………… 1大匙

做法：

1. 水蜜桃瀝乾切條，放鍋中用小火煮沸。
2. 玉米粉加2大匙罐頭汁調勻，倒入鍋中勾芡即是餡。

備註：

1. 可把上層派皮用輪刀切條再黏上。
2. 這兩種派都可在下層派皮上放一薄片蛋糕再填餡，以吸收餡料在烤焙時流出的汁液，以免派皮受潮變得不酥脆。如果烤好要立刻吃就不必加蛋糕片。

雞肉派餡 1份

材料：

肉雞胸肉	400克	洋蔥	½個
①蛋白	1個	洋菇	60克
鹽	¾小匙	豌豆仁	60克
糖	2小匙	奶油	4大匙
黑胡椒粉	½小匙	牛奶	½杯
玉米粉或太白粉	1大匙	麵粉	1大匙

做法：

1. 雞肉切丁，加①料拌勻醃30分鐘。
2. 洋蔥剁碎，洋菇切片和豌豆仁放滾水中燙一下就撈起。
3. 奶油放炒菜鍋裡加熱融化，炒香洋蔥再放洋菇、豌豆仁和雞肉丁炒熟。
4. 牛奶加麵粉調勻倒入炒一下即可。

備註：

1. 洋菇和豌豆仁如用罐頭或冷凍品就不必再燙過。
2. 用牛絞肉代替雞肉即是牛肉派餡。

鮮肉小派餃 12個

材料：

絞肉	200克	剩餘派皮	400克
蔥末或韭菜末	120克	蛋黃	1個
①鹽	½小匙		
味精	½小匙		
胡椒粉	¼小匙		

模型：

烤盤1個，底部塗油。

烤焙：

1. 烤箱先預熱到220°C。
2. 放在烤箱上層，烤約10分鐘。

做法：

1. 把剩餘派皮集中擀成0.3公分厚，用輪刀切成12個10公分見方的麵片。
2. ①料放在盆中用力攪拌3分鐘即是餡，平均舀在麵片上。
3. 蛋黃打散塗在麵片周圍，以對角線方式對摺壓緊成三角形，排在烤盤上。
4. 表面塗些蛋黃，用牙籤刺數個洞即可烤焙。

胡蘿蔔派　9吋1個

材料：

胡蘿蔔………………200 克	蛋………………3 個
牛奶…………………1½ 杯	①糖………………100 克
鮮奶油………………½ 杯	檸檬皮末………1 小匙
胡蘿蔔絲……………少許	生的單皮派派皮（9 吋）1 個

烤焙：

1. 烤箱先預熱到 230°C。
2. 放在烤箱下層，先烤 10 分鐘。
3. 再降到 160°C，烤 40 分鐘。

做法：

1. 胡蘿蔔去皮刨絲，加牛奶用果汁機打爛。
2. 加①料拌勻，倒入派皮（用派盤盛著）中，即可烤焙。
3. 烤好放涼。鮮奶油打發擠在表面，再加一些胡蘿蔔絲作裝飾即可。

椰子雞蛋布丁派　9吋1個

材料：

牛奶…………………1½ 杯	椰漿粉……………1 包
玉米粉………………2 大匙	①蛋………………2 個
奶油…………………1 大匙	糖………………75 克
椰子粉………………適量	生的單皮派派皮（9 吋）1 個
紅櫻桃………………1 顆	鮮奶油……………½ 杯

烤焙：

1. 烤箱先預熱到 230°C。
2. 放在烤箱下層，先烤 10 分鐘。
3. 再降到 160°C，烤 40 分鐘。

做法：

1. 牛奶加玉米粉拌勻煮沸成膠黏狀即熄火。要邊煮邊攪以免燒焦。
2. 趁熱加入奶油使之融化。
3. 加①料拌勻，倒入派皮（用派盤盛著）中即可烤焙，烤好放涼。
4. 鮮奶油打發塗在表面，再撒些椰子粉，放個櫻桃作裝飾即可。

草莓戚風派 9吋1個

材料：

草莓	260 克
檸檬汁	1 大匙
蛋	2 個
糖	60 克

① ｛ 水 …… ¼ 杯
　　草莓酒或蘭姆酒 …… 1 大匙
　　明膠粉 …… 1 ½ 大匙

已烤好的單皮派派皮（9吋）…… 1 個
鮮奶油 …… 適量

做法：

1. 草莓洗淨瀝乾，留 6 個完整漂亮的，其餘的加檸檬汁用果汁機打成泥。

2. 蛋白、蛋黃分開。蛋白打起泡，再加糖打到硬性發泡。

3. ①料調勻，小火蒸融，放涼後加蛋黃和草莓泥拌勻。

4. 冷藏到稍有凝結感（但不要真的凝結），加蛋白泡沫輕輕拌勻。

5. 倒入派皮中，抹平，放冰箱冷藏到凝結。

6. 把鮮奶油打發擠在上面，再把留下的 6 個草莓切半，排上作裝飾即可。

檸檬乳酪派

9吋1個

材料：

① 奶油乳酪 …………………… 280克
　 蛋黃 ………………………… 2個
　 糖 …………………………… 90克
　 檸檬皮末 …………………… 1小匙
　 檸檬汁 ……………………… 1大匙
② 牛奶 ………………………… 1杯
　 玉米粉 ……………………… 4大匙
葡萄乾 ………………………… 50克
蛋白 …………………………… 2個
糖 ……………………………… 40克
已烤好的單皮派派皮（9吋）…… 1個

烤焙：

1. 烤箱先預熱到200℃。
2. 放在烤箱下層，烤約10分鐘。

做法：

1. ①料依序攪打均勻。每加一種材料必須攪拌均勻之後再加第二種。
2. ②料放鍋中調勻煮沸。要邊煮邊攪拌以免底部燒焦。
3. 再加入①料和葡萄乾，煮到稍微沸騰即可熄火，全倒入派皮（用派盤盛著）中抹平。
4. 蛋白打起泡，再加糖打到硬性發泡，用橡皮刀塗在派上，刮成不規則形狀。放入烤箱中烤到有焦色即可。

巧克力戚風派

9吋1個

材料：

① ｛ 牛奶……………………½杯
　　巧克力…………………100克
　　明膠粉…………………1大匙

蛋………………………………2個
糖………………………………40克
巧克力醬………………………適量
鮮奶油…………………………適量
已烤好的單皮派派皮（9吋）……1個

做法：

1. ①料放鍋中用小火煮到稍微沸騰即可熄火。要邊煮邊攪拌使巧克力溶化。
2. 蛋白、蛋黃分開。蛋黃加入上項巧克力膠汁中拌勻，放涼（天熱時可放入冰箱使之稍有凝結感）。
3. 蛋白打起泡，加糖打到硬性發泡，和上項巧克力蛋黃汁輕輕拌勻。
4. 刮入派皮中，表面抹平，放冰箱冷藏到凝結。
5. 把巧克力醬塗在表面，鮮奶油打發擠在巧克力醬上作裝飾即可。

備註：

巧克力醬也可用巧克力加一點牛奶煮成濃稠狀來代替。

焦糖布丁派

材料：

單皮派派皮麵糰	1份
焦糖蜜	少許
鮮奶油	¼杯
草莓	6個
①｛蛋	3個
糖	45克
牛奶	1¼杯

模型：

8吋菊花印模1個，烤盤1個，6吋布丁模1個。

烤焙：

1. 烤箱先預熱到220°C。
2. 放在烤盤中層，烤約25分鐘。

做法：

1. 派皮的做法、烤法同紅酒洋梨派。
2. 在布丁模底淋一層焦糖蜜，放冰箱冷藏一陣子使焦糖蜜凝結。
3. ①料調勻並過篩，輕輕倒入布丁模中，用最小火（水幾乎沒滾的狀態）蒸40分鐘。
4. 蒸好放涼，倒扣在派皮上。把鮮奶油打發擠在布丁周圍並加上草莓即可。

備註：

焦糖蜜的做法：黃砂糖½杯加水¼杯，攪拌均勻，以小火熬煮，至糖水顏色變深時，倒入¼杯滾水，手持鍋柄搖晃均勻，即可熄火（切勿用筷子或打蛋器攪動，以免鍋子四周沾到糖液不好清洗）。可參考《沁涼小館》一書第47頁。

紅酒洋梨派

材料：

單皮派派皮麵糰	1份
洋梨	3個
玫瑰紅酒	1杯
糖	30克
鮮奶油	½杯

模型：

8吋菊花印模1個，烤盤1個。

烤焙：

1. 烤箱先預熱到220°C。
2. 放在烤箱中層，烤約25分鐘。

做法：

1. 把麵糰撒些麵粉，擀成比印模大的圓片，用印模印出形狀。
2. 放在烤盤上，用叉子刺數十個洞，放置鬆弛20分鐘再烤焙。
3. 洋梨去皮、切半、再去核，浸在酒和糖的混合液裡，以小火煮15分鐘見果肉微透明即熄火。
4. 冷卻後取出瀝乾排在烤好的派皮上。
5. 鮮奶油打發，擠在派上作裝飾即可。

基本塔皮　1份（約可做18個塔）

材料：

① ｛ 低筋麵粉 ……………………… 200 克
　　奶油 ……………………………… 100 克
　　糖 ………………………………… 2 大匙

蛋 ……………………………………… 1 個

模型：

8 公分蛋塔模 18 個，內部塗油撒麵粉。

做法：

奶油水果塔　18個

材料：

基本塔皮 …………………………… 1 份
奶油布丁餡（見第54頁）……………… ½ 份
各種水果 …………………………… 適量
洋菜亮光液 ………………………… 適量

模型：

8 公分蛋塔模 18 個，內部塗油撒麵粉。

烤焙：

1. 烤箱先預熱到 180°C。
2. 放在烤箱下層，烤約 30 分鐘。

做法：

1. 依照基本塔皮的做法把塔皮做好。
2. 把奶油布丁餡平均填入並抹平即可烤焙。
3. 烤好加上處理好的水果，塗些洋菜亮光液增加光澤即可。

1 ①料放盆中，用擀麵棍搗碎拌匀。

2 蛋加入攪拌，再將之和成麵糰。能成團即可，不要過度揉搓。

3 平均分成 16 份。取 1 份揉圓，擀成比模型稍大的圓薄片。

4 放入模型中用手指輕壓，使之貼著模型。

5 用刀把多餘的麵皮切掉，底部刺幾個洞。

6 切掉的麵皮集合起來分成 2 份，擀開再做 2 個塔皮。

蛋塔 18個

材料：

① 蛋 ………… 4個
　蛋黃 ………… 2個
　糖 ………… 120克
　牛奶 ………… 1½杯

基本塔皮 ………… 1份
蛋黃 ………… 1個

模型：

8公分鋁箔製蛋塔模18個。

烤焙：

1. 烤箱先預熱到175°C。
2. 放在烤箱下層，烤約35分鐘。

做法：

1. 依照基本塔皮的做法把塔皮做好。
2. ①料攪拌均勻並過篩，平均舀入塔皮中。
3. 塔皮邊緣塗些蛋黃即可烤焙。

椰子塔 18個

材料：

① 蛋 ………… 6個
　糖 ………… 300克
　椰子粉 ………… 350克
　牛奶 ………… 2杯
　融化奶油 ………… 200克

基本塔皮 ………… 1份
蛋黃 ………… 1個
椰子粉 ………… 少許

模型：

8公分蛋塔模18個，內部塗油撒麵粉。

烤焙：

1. 烤箱先預熱到180°C。
2. 放在烤箱下層，烤約35分鐘。

做法：

1. 依照基本塔皮的做法把塔皮做好，先烤10分鐘。
2. ①料依序放入盆中攪拌均勻即是餡，平均填入塔皮中，再烤焙20分鐘。
3. 烤好在表面塗些蛋黃，撒些椰子粉，入烤箱再烤5分鐘即可。

香蕉船、甘藷船、巧克力船、乳酪船 各15個

材料：

基本塔皮麵糰 ………… 2 份	奶油 ………………… 150 克
鮮奶油 ………………… 1 杯	蛋 …………………… 3 個
香蕉 …………………… 5 根	低筋麵粉 …………… 120 克
甘藷 ………………… 600 克	可可粉 ……………… 1 大匙
水 …………………… 1 杯	起司粉 ……………… 1 小匙
糖 …………………… 180 克	葡萄乾 ……………… 1 大匙

模型：

9 公分船形模型 60 個，內部塗油。

烤焙：

1. 烤箱先預熱到 220°C。
2. 放在烤箱下層，烤約 15 分鐘。

做法：

1. 將 2 份塔皮麵糰分成 4 小份，每 1 小份做成 15 個船形塔皮。
2. 先烤 15 個船形塔皮，烤好放涼。
3. 鮮奶油打發，擠在塔皮上。香蕉剝皮切片，泡一下鹽水，瀝乾排在鮮奶油上即成香蕉船。
4. 甘藷去皮切丁，泡一下鹽水，瀝乾放鍋中加 1 杯水以小火燜煮 8 分鐘。
5. 再加糖 60 克，煮到糖溶化即熄火。用鍋鏟將之大致搗碎，平均裝入 15 個船形塔皮中烤焙成甘藷船。
6. 奶油加糖 120 克打發，再加蛋打勻，然後把麵粉篩入輕輕拌勻，分成 2 份。
7. 1 份篩入可可粉拌勻，舀入 15 個船形塔皮中烤焙成巧克力船。
8. 另 1 份加起司粉和葡萄乾拌勻，舀入 15 個船形塔皮中烤焙成乳酪船。

備註：

以上 4 種水果船，您可以自由選擇喜歡的做。基本上，1 份塔皮麵糰可以做 30 個船形塔皮。

蟹粉乳酪餡餅   9吋1個

材料：

基本塔皮麵糰	½ 份
洋葱	½ 個
奶油	1 大匙
披薩起司	100 克
① 蟹肉	200 克
蛋	3 個
牛奶	1 杯
鹽	½ 小匙
黑胡椒粉	¼ 小匙

模型：

9吋餡餅盤1個，內部塗油撒麵粉。

烤焙：

1. 烤箱先預熱到200°C。
2. 放在烤箱下層，烤約35分鐘。

做法：

1. 依乳酪餡餅做法1與2做好餡餅皮。
2. 洋葱剁碎，用奶油炒香，放涼。
3. 加①料拌勻倒入餡餅皮中即可烤焙。
4. 把披薩起司刨成絲。烤到最後5分鐘時，將起司絲撒上再烤5分鐘即可。

備註：

1. 披薩起司（Mozzarella Cheese）超市有售，為長方塊狀包裝。
2. 黑胡椒粉亦可以辣椒粉代替。

乳酪餡餅　9吋1個

材料：

基本塔皮麵糰	½份
乳酪片	200克
牛奶	1杯
蛋	5個
①｛糖	1大匙
鹽	¼小匙
黑胡椒粉	¼小匙
培根	少許

模型：

9吋餡餅盤1個，內部塗油撒麵粉。

烤焙：

1. 烤箱先預熱到200℃。
2. 放在烤箱下層，烤約35分鐘。

做法：

1. 把麵糰擀成直徑約比餡餅盤大2吋的圓片，鋪在餡餅盤上，輕壓使之貼緊盤壁。
2. 多餘的麵皮切掉。如果麵皮不夠大使周圍出現缺口，可用切下來的碎麵皮補滿。用叉子在麵皮上刺數十個洞。
3. 乳酪片和牛奶一起用小火煮，邊煮邊攪拌使乳酪溶化。如果無法溶化就全部倒入果汁機中攪拌成乳酪糊。
4. 蛋加①料打勻，再加乳酪糊拌勻，倒入餡餅皮中即可烤焙。
5. 烤焙中途可在表面撒些切絲的培根作裝飾再繼續烤。

披薩乳酪餡餅

9吋1個

材料：

基本塔皮麵糰	1/2份
洋蔥	1個
奶油	2大匙
紅番茄	2個
九層塔	數片
蝦仁	100克
蟹肉棒	1包(約70克)
蛋	4個
鹽	1/2小匙
黑胡椒粉	1/4小匙
披薩起司	50克

模型：

9吋餡餅盤1個，內部塗油撒麵粉。

烤焙：

1. 烤箱先預熱到200°C。
2. 烤時放烤箱下層，烤約35分鐘。

做法：

1. 依乳酪餡餅做法1與2做好餡餅皮。
2. 洋蔥剁碎，用奶油炒香；番茄切去蒂頭，用滾水燙到表皮破裂，然後去皮剁碎；九層塔也剁碎。
3. 蝦仁挑去腸泥，切小丁；蟹肉棒撕成絲。
4. 蛋打散，加洋蔥、番茄、九層塔、蝦仁、蟹肉棒、鹽、黑胡椒粉拌勻，倒入餡餅皮中即可烤焙。
5. 把披薩起司刨成絲。烤約30分鐘後，將起司絲撒上再烤5分鐘即可。

酸乳酪餡餅   10吋1個

材料：

基本塔皮麵糰	½份

①
- 奶油乳酪 …………… 280 克
- 酸乳酪 ………………… 2 盒(200 克)
- 糖 ……………………… 100 克
- 蛋 ……………………… 5 個
- 檸檬汁 ………………… 1 大匙
- 檸檬皮末 ……………… 1 大匙
- 低筋麵粉 ……………… 30 克

鮮奶油 ……………………… 少許
奇異果 ……………………… 2 個

模型：

10 吋橢圓餡餅盤 1 個，內部塗油。

烤焙：

1. 烤箱先預熱到 220℃。
2. 餅皮放在烤箱下層，烤 10 分鐘。
3. 再降到 160℃烤餡餅，放在烤箱下層，烤 70 分鐘。

做法：

1. 塔皮麵糰擀成 0.5 公分厚，切成比模型略小的橢圓片，放入模型中先烤。
2. ①料一樣一樣放入盆中攪拌均勻，要一樣拌勻再加另一樣。
3. 刮入模型中，表面用一張鋁箔紙包住以免表面變焦，即可烤焙。
4. 烤好在烤箱中放至完全冷卻再取出，用一些打發的鮮奶油和切片的奇異果裝飾即可。

千層鬆餅皮 1份

材料：

① ┌ 高筋麵粉 …………………… 240 克
  │ 奶油 ………………………… 27 克
  │ 糖 …………………………… 1 大匙
  └ 水 …………………………… ½ 杯
  奶油 ………………………… 200 克

做法：

1. ①料拌勻，用力揉約10分鐘使麵糰出筋，最後揉圓放置10分鐘使麵糰鬆弛。

3. 擀成四角狀，中間厚四角薄。

4. 把奶油切碎壓成厚方片然後冰硬，放在麵皮的中間。

5. 把四周的麵皮折向中間，重疊處壓緊。

7. 擀時如發現有氣泡就用牙籤刺破，把氣放出。

8. 放置10分鐘使之鬆弛，再擀成厚度約為0.5公分。

9. 將兩邊摺向中間再對摺。

2 在麵糰上切交叉兩刀，用手剝開。

6 再把麵皮擀得既均勻又大一些。

10 重複做法8、9三次，共鬆弛、擀開、摺疊四次。

製做小技巧

　　詳細的做法請參見分解圖示，另外還要特別注意：

1. 製做過程中常常需要放置10分鐘使麵糰鬆弛，因為麵糰剛被揉搓擀壓後會很緊繃，如果不給它一段時間鬆弛而勉強繼續操做，不但不好做甚至可能會破裂。
2. 製做時如果感覺麵糰中的奶油有軟化甚至融化的現象，就將之包好放冰箱冷藏一陣子，尤其天熱時更要注意。麵糰每操做一會兒後須鬆弛10分鐘，此時最好也放在冰箱裡鬆弛。
3. 擀麵皮時，力量要平均和緩，不要在一個地方太用力而壓斷裡面的奶油。
4. 擀麵皮時為防黏可以撒一點高筋麵粉，但不要撒太多，摺疊時要把表面多餘的乾粉掃掉。
5. 在做各種千層鬆餅時須把整塊鬆餅皮切割成需要的形狀，這時最好用輪刀或很銳利的刀，因為鈍刀會使切口處的層次黏在一起而膨脹得不好。

烤焙小技巧

1. 烤時烤盤不但不塗油，有時還要抹一點水，好讓鬆餅皮黏在烤盤上，烤時才不會收縮。
2. 大片的鬆餅皮放在烤盤上烤焙前要刺洞，以免烤時鼓起或變形。
3. 餅皮做好後也要鬆弛約20分鐘才能烤焙，而且鬆弛時間內不要再拉扯到餅皮，否則餅烤好會變形。
4. 烤焙時間到了後，用手輕觸餅的邊緣，要堅實脆硬才算烤好，否則就要降低溫度繼續烤。

千層杏仁條 60個

材料：

① ┌ 蛋白 ·································· 1個
　 │ 糖粉 ·································· 100 克
　 └ 杏仁霜 ······························ 50 克
千層鬆餅皮 ······························ 1份
杏仁果（無鹹味）····················· 100 克

模型：
烤盤 1 個，不須塗油。

烤焙：
1. 烤箱先預熱到 220°C。
2. 放在烤箱上層，烤約 13 分鐘。

做法：
1. 把鬆餅皮擀成 0.3 公分厚。
2. ①料拌勻，薄薄地塗在鬆餅皮上，杏仁果切碎撒上。
3. 放入冰箱冷藏 20 分鐘以上使糖衣凝結。
4. 用輪刀切成 2.5 公分寬、9 公分長的條塊，排在烤盤上。
5. 放入冰箱冷藏，使之鬆弛 20 分鐘才開始烤焙。

千層巧克力條 60個

材料：

千層鬆餅皮 ……………………… 1份
巧克力 …………………………… 適量
巧克力米 ………………………… 適量

做法：

1. 餅皮的分切與烤焙，和千層杏仁條一樣，但不必做表層的杏仁糖飾。
2. 把巧克力切碎，隔水加熱到融化，塗在千層酥條上。
3. 表面再沾些巧克力米，放涼即可。

迷你千層盅 16個

材料：

千層鬆餅皮	1份	各種水果	適量
蛋黃	1個	洋菜亮光液	適量
奶油布丁餡（見第54頁）			¼份

模型：

烤盤1個，不須塗油。

烤焙：

1. 烤箱先預熱到220°C。
2. 放在烤箱中層，烤約20分鐘。

做法：

1. 把鬆餅皮擀成0.3公分厚，用輪刀切成16個每邊12公分的方形。
2. 在對角切L形刀口，把切開的對角重疊拉向對面成菱形，排在烤盤上。
3. 蛋黃打散塗在四邊。中間用牙籤刺數個洞，鬆弛20分鐘再烤焙。
4. 烤好填入奶油布丁餡，放些水果，並在水果上塗一層洋菜亮光液即可。

眼鏡酥 36塊

材料：

剩餘千層鬆餅皮	400克	肉桂粉	½小匙
糖	2大匙	蛋黃	1個

模型：

烤盤1個，不須塗油。

烤焙：

1. 烤箱先預熱到220°C。
2. 放在烤箱上層，烤約13分鐘。

做法：

1. 把鬆餅皮重疊鋪平，擀成0.3公分厚、20公分寬的長方片。
2. 平均撒上糖和肉桂粉，將兩邊摺向中間再對摺，成為長條狀。
3. 切成1公分寬的長條，排在烤盤上。
4. 把摺處打開一點，烤時才有膨脹的空間。
5. 蛋黃打散塗在表面，放置鬆弛20分鐘再烤焙。

備註：

這是利用做「千層水果盅」或「拿破崙」時，切剩的麵皮再次擀開做成的，雖是廢物利用卻很香脆可口。

豪華千層水果盅

材料：

千層鬆餅皮 ⋯⋯⋯⋯½份	各種水果 ⋯⋯⋯⋯適量
蛋黃 ⋯⋯⋯⋯1個	洋菜亮光液 ⋯⋯⋯⋯適量
奶油布丁餡（見第54頁）¼份	

模型：

烤盤1個，底部抹水。

烤焙：

1. 烤箱先預熱到 220°C。
2. 放在烤箱上層，烤約 13 分鐘。

做法：

1. 把鬆餅皮擀成 0.3 公分厚，用小刀刻畫一個烤盤能容納的最大圓形。
2. 剩下的麵皮用玻璃杯口壓出 5、6 個圓片，再一一切成半圓形。
3. 半圓麵皮底面塗些蛋黃，貼在大圓麵皮的邊緣內側，切掉多餘的外緣部分，使成花瓣形，麵皮表面也塗些蛋黃。
4. 中間用叉子刺數十個洞，鬆弛 20 分鐘再烤焙。
5. 烤好填入奶油布丁餡，排上處理好的水果，在水果上塗一層洋菜亮光液即可。

培根酥條 16條

材料：

千層鬆餅皮 ⋯⋯⋯⋯1份	培根 ⋯⋯⋯⋯1包（200克）
或剩餘千層鬆餅皮⋯280克	黑胡椒粉 ⋯⋯⋯⋯少許

模型：

烤盤1個，不須塗油。

烤焙：

1. 烤箱先預熱到 220°C。
2. 放在烤箱上層，烤約 15 分鐘。

做法：

1. 把鬆餅皮重疊鋪平，擀成 0.3 公分厚，長度約和培根一樣，用輪刀切成 16 條。
2. 把每條培根都縱切兩半成細長條，一條條放在餅皮上。
3. 在培根上撒些黑胡椒粉，連同餅皮捲起來，排在烤盤上即可烤焙。

南瓜馬蹄酥　12個

材料：

南瓜	400克
千層鬆餅皮	1份
蛋黃	1個
①｛蛋	1個
糖	20克
鹽	¼小匙
香草精	數滴

模型：

烤盤1個，不須塗油。

烤焙：

1. 烤箱先預熱到210℃。
2. 放在烤箱中層，烤約18分鐘。

做法：

1. 南瓜去皮、去籽，切塊蒸約10分鐘，壓成南瓜泥，趁熱加①料攪拌均勻即是餡。
2. 把鬆餅皮擀成0.3公分厚，切成12個長方片。
3. 把餡平均放在長方片中間，邊緣塗上蛋黃，對折壓緊。
4. 切成半月形，邊緣用叉子壓出花紋。
5. 表面塗些蛋黃並用牙籤刺十幾個洞，鬆弛20分鐘即可烤焙。

火腿乳酪酥 12個

材料：

千層鬆餅皮 …………………… 1份
乳酪片 ………………………… 12片
火腿片 ………………………… 12片
蛋黃 …………………………… 1個

模型：

烤盤1個，不須塗油。

烤焙：

1. 烤箱先預熱到210°C。
2. 放在烤箱中層，烤約18分鐘。

做法：

1. 把鬆餅皮擀成0.3公分厚，切成12個正方形。
2. 在每個正方形中間放1片乳酪再放1片火腿。
3. 從方形的對角線向中心點切一刀，切到距中心點約2公分。
4. 向內折成風車形(麵皮尖角要重疊)，用牙籤下插固定。
5. 表面塗上蛋黃，鬆弛20分鐘即可烤焙。

熱狗千層酥 4個

材料：

千層鬆餅皮	1 份
大熱狗	4 條
蛋黃	1 個
黑胡椒粉或番茄醬	少許

模型：
烤盤 1 個，不須塗油。

烤焙：
1. 烤箱先預熱到 220°C。
2. 放在烤箱中層，烤約 20 分鐘。

做法：
1. 把鬆餅皮擀成 0.3 公分厚的長片狀，再切成 4 份，其長和熱狗等長，其寬為熱狗寬度的 6 倍。
2. 每份中間放一條切開的熱狗，把兩側麵皮每隔 2 公分切一刀成流蘇狀，向中間交叉包住熱狗。要包得鬆鬆的，不要用力拉扯。
3. 做好排在烤盤上，蛋黃打散塗在表面即可烤焙。
4. 烤好切塊食用，可隨意添加黑胡椒粉或番茄醬。

備註：
此點心可用剩餘鬆餅皮做，每條約需 140 克麵皮。

栗子拿破崙

材料：

乾栗子 ·················· 80 克
① { 奶油 ·················· 30 克
　　 糖 ··················· 50 克
　　 蘭姆酒 ················ 1 大匙 }
千層鬆餅皮 ················ 1 份
鮮奶油 ··················· 1 杯
巧克力 ··················· 50 克
糖粉 ···················· 適量

模型：

7 吋菊花印模 1 個，烤盤 1 個，底部抹水。

烤焙：

1. 烤箱先預熱到 220°C。
2. 放在烤箱上層，烤約 13 分鐘。

做法：

1. 栗子浸水一晚，第二天剝掉碎皮加水用小火煮 20 分鐘，放到完全冷卻。
2. 留下 1 個漂亮完整的，其餘的壓碎，加①料拌勻成泥。
3. 把鬆餅皮擀成 0.3 公分厚的長片狀，用印模印出 3 個菊花片。
4. 排在烤盤上用叉子刺數十個洞，鬆弛 20 分鐘再烤焙（小烤箱一次只能烤 1 片）。
5. 鮮奶油打發，巧克力切碎。
6. 在一片烤好的餅上塗⅓鮮奶油，再塗 ½ 栗子泥，撒上 ⅓ 巧克力屑。
7. 把第二片餅疊上去，重複一次塗抹的工作。
8. 把第三片餅疊上去，撒一層糖粉，再塗鮮奶油、撒巧克力屑並放一個完整的栗子在中間即可。

千層鳳梨酥條 2條

材料：

千層鬆餅皮	1份
鳳梨罐頭	1罐
糖	60克
玉米粉或太白粉	3大匙
蛋黃	1個

模型：

烤盤1個，底部抹水。

烤焙：

1. 烤箱先預熱到215°C。
2. 放在烤箱中層，烤約25分鐘。

做法：

1 把½份鬆餅皮擀成0.3公分厚。如圖，切成上下兩片和邊條四段；上片中間每隔2公分橫切一刀。

2 鳳梨片瀝乾切塊，用果汁機打碎，加糖和玉米粉拌勻，小火或微波煮沸即是餡。

3 在下片四周塗些蛋黃，把邊條沿著周圍排放好。

4 ½份的餡放在中間，邊條表面塗上蛋黃。

5 把上片蓋上去，也塗上蛋黃。

6 用小刀沿著周圍切出花紋即可烤焙。同法再做第二條。

備註：

鬆餅皮上、下片約為22×11公分；邊條兩段為22×2.5公分，另兩段為6×2.5公分。

維也納蘋果酥 16 條

材料：

① ┌ 中筋麵粉 ·············· 250 克
　├ 豬油 ················· 1 大匙
　├ 蛋 ·················· 1 個
　├ 熱水 ················· 6 大匙
　└ 鹽 ·················· ¼ 小匙

蘋果 ·················· 12 個
糖 ··················· 160 克
肉桂粉 ················· ½ 小匙
奶油 ··················· 適量
麵包粉（或餅乾屑、蛋糕屑）······ 1 杯
糖 ···················· 適量

模型：

烤盤 1 個，底部塗油。

烤焙：

1. 烤箱先預熱到 200°C。
2. 放在烤箱中層，烤約 25 分鐘。

做法：

1 ①料拌勻，揉成光滑均勻的麵糰，分切成 16 份，一一滾圓，用布遮蓋放置 1 小時。

2 蘋果去皮核、切薄片，加糖和肉桂粉拌勻，蒸 5 分鐘或微波 3 分鐘。

3 在一個完全平滑的桌面上撒些麵粉，取 1 份麵糰盡量擀開，要擀到薄得幾乎透明。

4 奶油加熱融化，塗在薄麵皮上，撒上 1 大匙麵包粉。

5 在一端放 1/16 的蘋果餡，包捲起來，放入烤盤。

6 在表面刷些奶油，抹上砂糖即可烤焙。

備註：

維也納蘋果酥的特別薄脆皮和其他酥皮點心不同，含油量很低。也可將之油炸，則類似「炸蘋果派」。

漢光入門菜系列

簡簡單單　輕輕鬆鬆　照顧好家人的胃

四季家常菜　　壽端兮◎著　　定價270元

本書按四季節令精選100道精緻可口的家常菜，讓您在日常餐食及家庭宴客中，都能輕鬆愉快，應付裕如。

家庭速簡食譜　　壽端兮◎著　　定價270元

書中所介紹的菜肴，除了在處理上要求簡易之外，同時也顧及到再加熱後的菜色變化，故非常適合作為配製便當菜之參考。

簡易中國菜　　易　友◎著　　定價270元

本書有系統地介紹11種烹調法，如炒、炸、煮、燒、氽、蒸、烤、醃等，只要熟習這些燒菜方法即可觸類旁通，調製各類菜色。

微波爐食譜　　蕭義娟◎著　　定價270元

微波爐「快速、乾淨」的優點頗受好評。但用微波爐作菜，對國人來說還是比較陌生，而本書正是您學習使用微波爐作菜的最佳選擇。